通用散货码头
粉尘污染管控指南

河北港口集团有限公司
天科院环境科技发展（天津）有限公司 组织编写

杨文胜 主 编
杨希安 马 贺 张春意 副主编

GUIDELINES
FOR DUST POLLUTION CONTROL OF GENERAL BULK CARGO TERMINALS

人民交通出版社
北 京

内 容 提 要

本书聚焦通用散货码头粉尘污染防控，以提升港口装卸工艺、促进技术创新与装备应用、优化管理效能为切入点，研究粉尘污染本质管控模式。本书共分4章，分别介绍了通用散货码头现状、通用散货码头粉尘污染管控依据、通用散货码头粉尘污染管控细则和通用散货码头粉尘污染管控参考范例等内容。

本书在编写上力求内容丰富翔实，结合河北港口集团现状与全国沿海及内河港口先进经验，提出可操作性建议和指导，可为通用散货码头粉尘污染治理人员和相关环保管理人员提供技术参考。

图书在版编目(CIP)数据

通用散货码头粉尘污染管控指南 / 河北港口集团有限公司，天科院环境科技发展(天津)有限公司组织编写. 北京：人民交通出版社股份有限公司，2025. 6.

ISBN 978-7-114-20413-5

Ⅰ. U656.1-62；X513-62

中国国家版本馆 CIP 数据核字第 2025XC5760 号

Tongyong Sanhuo Matou Fenchen Wuran Guankong Zhinan

书　　名：**通用散货码头粉尘污染管控指南**

著 作 者：河北港口集团有限公司
天科院环境科技发展(天津)有限公司

责任编辑：周　凯

责任校对：赵媛媛　魏佳宁

责任印制：张　凯

出版发行：人民交通出版社

地　　址：(100011)北京市朝阳区安定门外外馆斜街3号

网　　址：http://www.chinasybook.com

销售电话：(010)64981400，65290033

总 经 销：北京交实文化发展有限公司

印　　刷：北京建宏印刷有限公司

开　　本：787×1092　1/16

印　　张：12.25

字　　数：282千

版　　次：2025年6月　第1版

印　　次：2025年6月　第1版　第1次印刷

书　　号：ISBN 978-7-114-20413-5

定　　价：80.00元

编委会成员

编写组成员

主　　编　杨文胜

副 主 编　杨希安　马　贺　张春意

编写人员　白　璐　刘筱萌　李　涛　尹保军　李慧哲
王晓辉　曹新华　李金钊　赵　俊　王晶晶
刘天哲　王　栋　王妍苏　谭哲亚

前　言

生态文明建设的全面推进和“双碳”目标的制定，标志着我国经济社会已经进入加快实现绿色化、低碳化的高质量发展阶段。港口是推动经济社会高质量发展的重要引擎，推进生态友好型港口建设，以绿色动能引领我国港口高质量发展，不仅是贯彻习近平总书记关于港口发展重要指示精神的举措，也是推动世界一流港口建设、促进交通运输高质量发展的必由之路。

河北作为京畿之地，是京津冀协同发展战略的重要环节，建设更高水平的智慧、绿色、高效、平安港口，既是国企担当，更是政治自觉。2023年5月，习近平总书记视察河北，为河北港口集团有限公司（简称“河北港口集团”）高质量发展指明了方向。在新的时代背景下，河北港口集团积极探索发展方式绿色转型，将绿色低碳理念贯穿于港口基础设施规划、建设、运营和管理维护全过程，持续深入推进污染防治攻坚，积极贯彻全过程精细化管理理念，逐步提升优化管理流程，全面应用智慧化管控手段。河北港口集团始终坚持生态优先，持续深化科技创新，把绿色转型升级作为重中之重，协同推进降碳、减污、扩绿、增长，以崭新的面貌向高质量发展迈进。

河北港口集团为了提升通用散货码头粉尘污染管控效能，组织编制了《通用散货码头粉尘污染管控指南》，该指南力求内容翔实，突出实用性和可操作性，以提升工艺水平、促进技术创新、优化管理效能为切入点，全面梳理分析通用散货码头粉尘污染治理先进案例，为通用散货码头粉尘污染管控难的问题提供建议和指导，形成由点到线、由线到面的示范推广机制，有序推动港口绿色低碳转型迈上新台阶。

作　者

2025年1月

编写说明

《通用散货码头粉尘污染管控指南》（以下简称《指南》）以逐步提升通用散货码头粉尘污染防控效能为出发点，聚焦于散货作业工艺局限，以提升港口装卸工艺水平、促进技术创新和新装备应用、优化粉尘污染管理效能为切入点，开展粉尘污染本质管控模式研究。编制一部便捷、直观的讲述通用散货码头粉尘污染优化管控措施和管理方法的指南，将为通用散货码头粉尘污染管控难的问题提供建议和指导，形成由点到线、由线到面的示范推广机制，从而有序推动港口绿色低碳转型迈上新台阶。

《指南》的编制坚持科学性、实用性、全面性原则。首先，以国家、行业和地方环境保护法律法规、政策性文件和标准规范为依据，贯彻落实《中华人民共和国大气污染防治法》等文件要求，编制内容有据可依，科学合理。其次，以河北港口集团通用散货码头装卸工艺和环保设施应用现状为基础，充分考虑各下属企业的粉尘污染防治诉求，同时严格遵循现行环保管理要求，在广泛调研全国各大通用散货码头的粉尘污染管控先进经验的基础上，提出具有可操作性的建议和指导意见，切实解决通用散货码头粉尘污染管控难的问题。

《指南》编制依据包括以下文件：

（1）《中华人民共和国大气污染防治法》（2018年10月26日修正）。

（2）《排污许可管理条例》（国务院令第736号）。

（3）《中共中央　国务院关于全面加强生态环境保护坚决打好污染防治攻坚战的意见》（2018年6月16日）。

（4）《中共中央　国务院关于印发〈交通强国建设纲要〉的通知》（中发〔2019〕39号）。

（5）《中共中央　国务院关于深入打好污染防治攻坚战的意见》（2021年11月2日）。

（6）《排污许可管理办法》（生态环境部令第32号）。

（7）《交通运输部关于全面加强生态环境保护坚决打好污染防治攻坚战的实施意见》（交规划发〔2018〕81号）。

（8）《关于建设世界一流港口的指导意见》（交水发〔2019〕141号）。

（9）《关于印发〈减污降碳协同增效实施方案〉的通知》（环综合〔2022〕42号）。

（10）《交通运输部　国家发展改革委　自然资源部　生态环境部　水利部关于加快沿海和内河港口码头改建扩建工作的通知》（交水发〔2023〕18号）。

（11）《江苏省交通运输厅　江苏省生态环境厅关于开展新一轮港口污染防治能力提升

工作的通知》(苏交港〔2023〕27号)。

(12)《关于印发烟台市大气污染防治技术导则的通知》(烟环委〔2021〕2号)。

(13)《关于印发〈上海市码头堆场扬尘污染防治技术指南〉的通知》(上海市交通委员会2024年4月7日)。

(14)《河北省人民代表大会常务委员会关于加强扬尘污染防治的决定》(2018年11月1日起施行)。

(15)《河北省扬尘污染防治办法》(2020年4月1日起施行)。

(16)《河北省生态环境保护条例》(2020年7月1日施行)。

(17)《河北省大气污染防治条例》(2021年9月29日修正)。

(18)《河北省港口污染防治条例》(2022年10月1日施行)。

(19)《江苏省大气污染防治条例》(2018年修正)。

(20)《上海市大气污染防治条例》(2018年修正)。

(21)《福建省大气污染防治条例》(2019年1月1日起施行)。

(22)《浙江省大气污染防治条例》(2020年修正)。

(23)《天津市大气污染防治条例》(2020年9月25日)。

(24)《辽宁省大气污染防治条例》(2022年修正)。

(25)《唐山市大气污染防治若干规定》(2021年修正)。

(26)《沧州市大气污染防治若干规定》(2021年实施)。

(27)《秦皇岛市大气污染防治办法》(草案征求意见稿)。

(28)《水运工程环境保护设计规范》(JTS 149—2018)。

(29)《排污许可证申请与核发技术规范　码头》(HJ 1107—2020)。

(30)《通用码头和多用途码头绿色港口等级评价指南》(T/CPHA 33—2024)。

《指南》在内容上涵盖上述国家、行业及地方环境保护法律法规、政策性文件和标准规范中关于通用散货码头粉尘污染管控的全部要求的同时,结合各个文件中的相关要求,按照各生产单元及对应工艺分别列出详细的措施要求,并给出具体应用案例。

《指南》适用于河北港口集团有限公司及下属企业通用散货码头粉尘污染管控,也可供相关环保管理人员及基层环保工作人员参考。

目　录

第1章　通用散货码头工艺流程及粉尘排放

通用散货码头是指可以装卸多个散货货种的非专业化码头。我国通用散货码头分布广泛且呈现集群化，形成了环渤海、长三角、粤港澳大湾区等世界级港口群中的通用散货码头集群。国内主要通用散货码头包括宁波舟山港、唐山港、秦皇岛港、天津港、青岛港、日照港、上海港、连云港港、广州港、北部湾港等，各港口的通用散货码头之间既存在一定的竞争关系，同时，也通过区域协同发展等方式加强合作，实现资源共享、优势互补，共同提升区域港口群的竞争力。

通用散货码头经营的货种丰富多样，包括能源类、矿石类、建筑材料类、农产品类、化工原料类等。能源类货种主要包括煤炭和石油焦，其中，煤炭是通用散货码头最重要的货种之一，国内大量煤炭通过沿海和内河的通用散货码头进行运输，如秦皇岛港、唐山港等都是煤炭运输的重要枢纽。矿石类货种包括铁矿石、金属矿石和非金属矿石，其中，铁矿石是炼钢的主要原材料。全球铁矿石海运贸易量巨大，我国是最大的铁矿石进口国，青岛港、日照港等大型通用散货码头每年都有大量来自澳大利亚、巴西等国的铁矿石靠泊装卸。建筑材料类货种主要为砂石，是建筑行业不可或缺的原材料，可用于混凝土搅拌、道路铺设等。农产品类主要包括粮食和木片，其中粮食类主要包括小麦、玉米、大豆等。化工原料类包括纯碱、磷酸三钙、硅酸钠等。

通用散货码头采用的装卸设备主要包括门座起重机、抓斗机、料斗、给料机、装载机、自卸车等，部分向专业化方向改造的通用散货码头也会采用带式输送机等封闭输运设施。

通用散货码头主要生产单元包括泊位、堆场和输运系统。其中，泊位单元的主要工艺包括装船和卸船，堆场单元的主要工艺包括储存和堆取料，输运系统单元的主要工艺包括卸车、装车和输运。通用散货码头因不同货种的物理性质、形态等不同，所采用的装卸工艺不同，对应的产污节点也会存在一定差异。本章系统梳理总结了通用散货码头的装卸工艺流程，详细介绍了水运集港、水运疏港、铁路集港、铁路疏港、公路集港、公路疏港等不同物流运输环节的工艺流程、粉尘排放节点及污染成因。

1.1 通用散货装卸工艺流程

1.1.1 卸船工艺流程（水运集港）

工况1：对于煤炭、矿石等大宗散货，通用散货码头一般采用通用性较强的门座起重机利用抓斗进行货物的卸船作业，门座起重机将货物自船舶卸至码头前沿作业区，然后采用单斗装载机将物料装至自卸车，或门座起重机经料斗直接将货物自船舶卸至自卸车，再由自卸车将物料运送至堆场堆存或直接出港。门座起重机作业时，采用单斗装载机辅助清舱作业，将门座起重机抓斗作业死角遗留的货物清理至其作业范围内。

工况2：针对粮食、水泥等不能露天堆存的散货货种，门座起重机将货物自船舶卸至码头前沿卸船料斗，再经皮带机或自卸车运输至后方料仓，或直接由汽车外运。

卸船工艺流程图如图1.1-1所示。

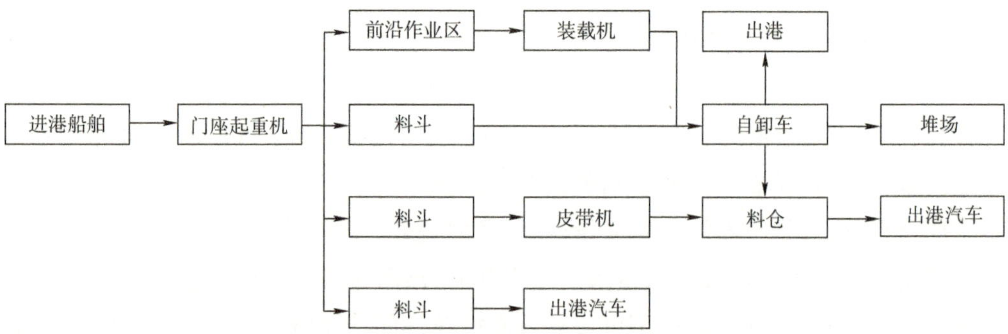

图1.1-1 卸船工艺流程图

1.1.2 装船工艺流程（水运疏港）

工况1：堆场内堆存的散货经装载机装至自卸车并运输到码头前沿，自卸车将出港散货卸至码头前沿作业区，由码头配备的门座起重机进行装船作业。门座起重机利用抓斗将出港散货抓起，通过转动、提升门座起重机臂架将散货运至船舱内，装船过程中利用装载机对地面平摊的散货不断进行聚拢，以提高抓斗的使用效率。装船结束后出港外运。

工况2：经汽车集港的散货直接运至码头前沿，自卸车将出港散货卸至码头前沿作业区，由码头配备的门座起重机进行装船作业。门座起重机利用抓斗抓起出港散货，通过转动、提升门座起重机臂架将散货运至船舱内，装船过程中利用装载机对地面平摊的散货不断进行聚拢，以提高抓斗的使用效率。装船结束后出港外运。

工况3：经火车集港的煤炭等散货堆放至轨道两侧临时料堆后，由装载机铲入自卸车内，而后运至码头前沿作业区，经门座起重机抓斗抓至船舱内。

工况4：经火车集港的煤炭等散货堆放轨道两侧后，由装载机铲入自卸车内，而后运至后方作业区,卸至后方作业区料坑入口处,而后由装载机推入料坑,通过料坑底部给料机下料,并由皮带运至移动式散货装船机,经移动式散货装船机进行装船。

采用移动式散货装船机,装船机安装在移动门架上,装船机沿码头前沿轨道平行移动,调节装船机臂架使溜筒与船舱对齐,溜筒完全进入船舱,由装船机行走段皮带运送来的货物通过装船机尾车皮带提升进入臂架皮带,而后通过溜筒将货物运至散货船船舱内。装船工艺流程图如图 1.1-2 所示。

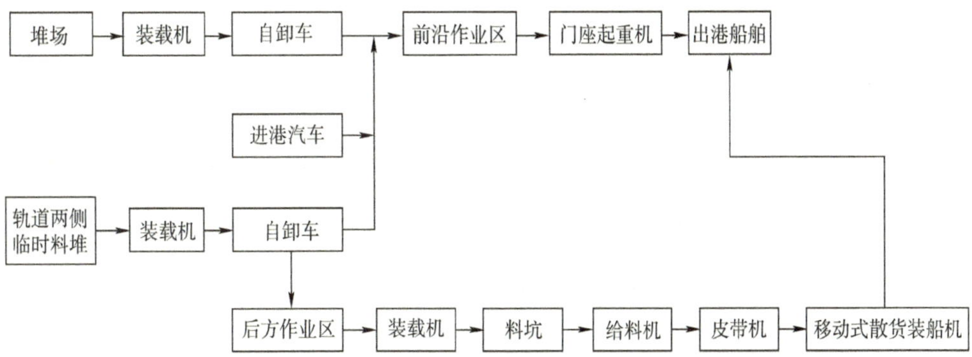

图 1.1-2　装船工艺流程图

1.1.3　卸火车工艺流程（铁路集港）

经火车集港的散货运至火车卸车区,采用抓斗机卸车,抓斗机在火车敞车车厢内进行抓取作业,将散货物料抓起并堆放至轨道两侧临时料堆,再由装载机铲入自卸车内,随后运至码头前沿作业区或后方堆场堆存。卸火车工艺流程图如图 1.1-3 所示。

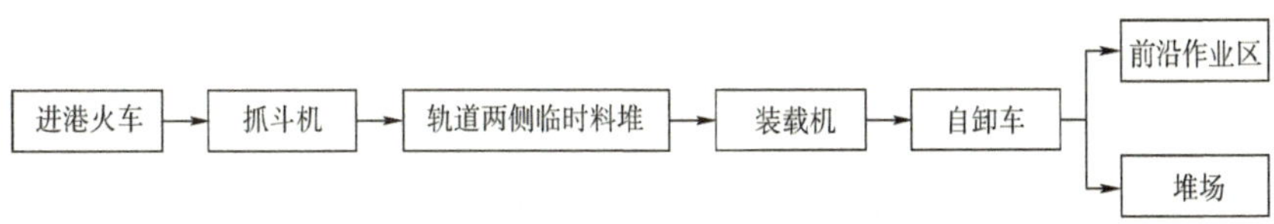

图 1.1-3　卸火车工艺流程图

1.1.4　装火车工艺流程（铁路疏港）

堆场堆存的散货及临时堆放在码头前沿作业区的散货,经装载机装至自卸车,经自卸车运输至火车装车区,卸车并临时堆放至轨道两侧,再由装载机装火车出港。装火车工艺流程图如图 1.1-4 所示。

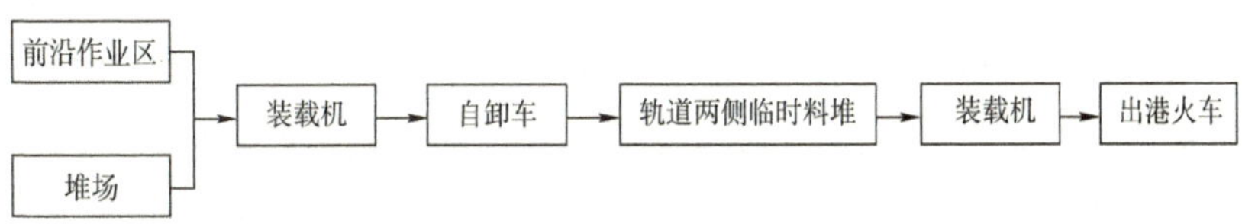

图 1.1-4　装火车工艺流程图

1.1.5 堆场卸车工艺流程（公路集港）

由自卸车或卡车运至堆场的散货物料，通过自卸车翻斗升降或卡车车斗侧翻并配合装载机进行卸料，卸料后装载机将卸下的货物进行堆垛作业，当料堆达到一定高度后，由挖掘机进行辅助作业。堆场卸车工艺流程图如图1.1-5所示。

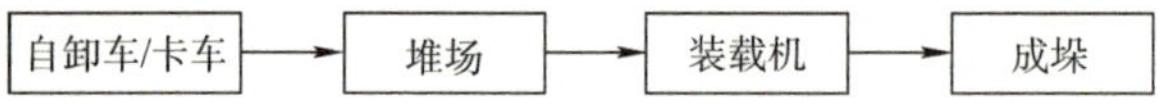

图1.1-5　堆场卸车工艺流程图

1.1.6 堆场装车工艺流程（公路疏港）

堆场散货汽运出港作业时，首先人工揭垛，而后由装载机进行拆垛并装入自卸车或卡车，直接外运出港。堆场装车工艺流程图如图1.1-6所示。

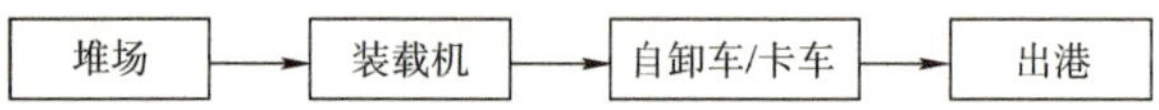

图1.1-6　堆场装车工艺流程图

1.2 粉尘排放节点及污染成因

通过对通用散货作业工艺及起尘节点进行分析，梳理出通用散货作业起尘主要分为动态作业起尘、静态堆存起尘。其中，动态作业起尘主要包括装卸船作业起尘、装卸车作业起尘、堆取料作业起尘和水平运输环节起尘；静态堆存起尘主要为散货堆存过程中的风蚀起尘。

1.2.1 动态作业起尘节点

（1）装卸船环节

对于通用散货码头，散货卸船环节一般先通过门座起重机将散货由船舱转移至码头前沿作业区，再采用装载机装车，或通过门座起重机经料斗直接卸至自卸车，然后由自卸车运至堆场存储或直接外运出港；粮食、水泥等散货货种，一般采用门座起重机进行卸船作业，门座起重机将货物自船舶卸至码头前沿卸船料斗，经皮带机运输至后方料仓，或经料斗直接装汽车外运。

装船环节一般通过自卸车将散货物料由堆场及轨道两侧临时料堆运至码头前沿作业区，或经进港汽车直接运至码头前沿作业区，卸料后经装载机归垛，再由门座起重机完成装船。此倒运过程均在动态中完成，且由于装卸位置处于码头前沿开阔地域，在外界气象因素影响下，存在较多不确定因素，粉尘污染较为严重。相较上述装船工艺而言，由皮带运至移动式散货装船机，经移动式散货装船机进行装船，粉尘污染相对较轻。

装卸船工艺的粉尘排放节点主要包括装卸船作业起尘、装载机装卸作业起尘、自卸车卸料作业起尘。

(2) 装卸车环节

通用散货码头装卸车作业主要包括火车装卸车与汽车装卸车，装卸火车工艺的粉尘排放节点包括抓斗机卸火车作业扬尘、装载机装火车作业扬尘、火车车厢清底扬尘、自卸车卸料作业起尘等。其中，火车卸车作业首先采用抓斗机在火车敞车车厢内进行抓取作业，将散货物料抓起并堆放至轨道两侧，再由装载机铲入自卸车内，运至码头前沿作业区或后方堆场。该过程在散货下落落差、抓斗机扰动及外界风速影响下，起尘较为严重；同时还辅有人工清底作业，进一步增加了起尘强度。

火车装车作业采用装载机将堆场堆存的散货及临时堆放在码头前沿作业区的散货装至自卸车，经自卸车运输至火车装车区并卸车，临时堆放在轨道两侧，再由装载机装火车出港，该过程在散货装卸落差、装载机扰动及外界风速影响下，起尘较为严重。

卸车作业主要为自卸车或卡车卸料落差导致的动态扬尘，卸车后往往还需要采用装载机进行归垛，使该环节起尘进一步增大。该工艺的粉尘排放节点主要包括自卸车卸料作业扬尘、归垛扬尘。

装车作业主要采用装载机进行拆垛并装入自卸车或卡车，此环节在散货下落落差、装载机扰动及外界风速影响下，起尘较为严重。该工艺的粉尘排放节点主要为拆垛扬尘、装载机装车作业扬尘。

(3) 堆取料环节

对于通用散货码头，堆取料作业主要依托装载机、自卸车等流动设备，起尘主要是由装载机对料堆的扰动以及卸车落差造成的；同时，作业设备对场地撒落的货物碾压扰动也是该环节起尘严重的主要原因之一。该工艺的粉尘排放节点主要为装载机堆取料作业扬尘、归垛扬尘。

(4) 水平运输环节

对于通用散货码头，水平运输主要依托自卸车等流动机械的运输形式，粉尘污染主要源于机械设备运输过程中由于颠簸造成的粉尘逸散、物料撒落及车辆碾压造成的二次扬尘，尤其当场内未进行路面硬化处理或处于不利气象条件下时，该环节起尘更为严重。

1.2.2　静态堆存起尘节点

除散粮、水泥等货种需要封闭堆存于仓库、筒仓外，对通用散货码头来说，煤炭、矿石、矿建材料等一般大宗散货均露天堆存。露天堆存的散货物料在风力作用下，细微颗粒从堆垛表面脱离造成粉尘无组织排放。此外，堆场成垛规模过大、苫盖不完全等现象，也是导致堆场起尘的因素之一。

1.2.3 动态、静态起尘污染成因

通用散货码头需要兼顾多货种装卸，因此，码头装卸船一般采用通用性强的门座起重机配抓斗作业，可以满足不同类型散货货种的装卸船作业要求；散货运输主要依托于流动机械，包括装载机、自卸车、卡车等，作业水平与能力一般较低，直接导致干散货周转次数多，起尘节点也随之增多。通用散货码头起尘大致分为静态风蚀起尘与动态作业起尘，其中，静态起尘主要是散货堆存期间的风蚀起尘，同外界风速与料堆表面含水率条件关系紧密；动态作业起尘主要由于作业机械或人工扰动、装卸料落差、流动机械设备碾压等因素导致，受外界风速影响也较大。

通用散货码头作业环节与起尘节点及污染成因详见表1.2-1。

通用散货码头作业环节与起尘节点及污染成因一览表 表1.2-1

序号	起尘节点	作业方式/设备	污染成因
1	卸船	门座起重机、自卸车、装载机	(1)作业机械扰动起尘 (2)作业设备碾压起尘 (3)卸船落料起尘 (4)装车落料起尘
2	装船	门座起重机、自卸车、装载机	(1)作业机械扰动起尘 (2)作业设备碾压起尘 (3)装船落料起尘 (4)卸车落料起尘
3	卸火车	抓斗机、自卸车、装载机	(1)作业机械扰动起尘 (2)作业设备碾压起尘 (3)卸车落料起尘 (4)装车落料起尘
4	装火车	自卸车、装载机等	(1)作业机械扰动起尘 (2)作业设备碾压起尘 (3)卸车落料起尘 (4)装车落料起尘
5	卸车	自卸车、装载机等	(1)作业机械扰动起尘 (2)作业设备碾压起尘 (3)卸车落料起尘
6	装车	自卸车、装载机等	(1)作业机械扰动起尘 (2)作业设备碾压起尘 (3)装车落料起尘

续上表

序号	起尘节点	作业方式/设备	污染成因
7	堆取料	自卸车、装载机等	(1)作业机械扰动起尘 (2)作业设备碾压起尘 (3)取料装车落料起尘
8	水平运输	自卸车等	(1)散货逸散起尘 (2)道路二次起尘
9	存储	露天堆存	风蚀起尘

通过起尘节点及污染成因分析可知，通用散货作业工艺中的装卸船、装卸车、堆取料、存储及汽运过程中均存在显著的粉尘污染。因此，对于通用散货码头来说，如何从工艺、技术及管理等多方面入手，减少和控制装卸船、装卸车、堆取料、存储及汽运过程中的起尘及逸散，成为港口粉尘污染控制的重点任务。

第2章　通用散货码头粉尘污染管控依据

本指南以国家及地方现行法律法规和政策性文件为依据,汇集、整理、总结现行有效的粉尘污染管控要求,为通用散货码头日常粉尘污染管控提供理论依据。

2.1　法律法规和规章制度

本指南汇集并梳理了国家及地方相关法律法规和规章制度中与散货码头粉尘污染管控相关的适用条款、对条款的释义以及违反条款应承担的法律责任,见表2.1-1。

国家及地方相关法律法规和规章制度中与散货码头粉尘污染管控相关的适用条款、释义及法律责任　表2.1-1

适用条款	释义	法律责任
《中华人民共和国大气污染防治法》 1987年9月5日，第六届全国人民代表大会常务委员会第二十二次会议通过； 1995年8月29日，第八届全国人民代表大会常务委员会第十五次会议《关于修改〈中华人民共和国大气污染防治法〉的决定》第一次修正； 2000年4月29日，第九届全国人民代表大会常务委员会第十五次会议第一次修订； 2015年8月29日，第十二届全国人民代表大会常务委员会第十六次会议第二次修订； 2018年10月26日，第十三届全国人民代表大会常务委员会第六次会议《关于修改〈中华人民共和国野生动物保护法〉等十五部法律的决定》第二次修正		
第七十条　运输煤炭、垃圾、渣土、砂石、土方、灰浆等散装、流体物料的车辆应当采取密闭或者其他措施防止物料遗撒造成扬尘污染，并按照规定路线行驶。 装卸物料应当采取密闭或者喷淋等方式防治扬尘污染	该法条是关于防止散装、流体物料运输过程中造成扬尘污染的具体规定，旨在减少因物料运输不当而导致的空气污染，保护环境和公众健康。该条款明确规定了适用对象为运输煤炭、垃圾、渣土、砂石、土方、灰浆等散装、流体物料的车辆，这些物料在运输过程中容易因未采取适当措施而发生遗撒，从而引发扬尘污染。规定的防治措施包括密闭措施（要求运输车辆采取密闭措施，如加盖布、安装密闭箱等，确保物料在运输过程中不会因颠簸、风力等因素而遗撒）、喷淋措施（如移动雾炮、喷淋系统等）和其他有效措施（如加固装载、减少装载量等）	**第一百一十六条**　违反本法规定，运输煤炭、垃圾、渣土、砂石、土方、灰浆等散装、流体物料的车辆，未采取密闭或者其他措施防止物料遗撒的，由县级以上地方人民政府确定的监督管理部门责令改正，处二千元以上二万元以下的罚款；拒不改正的，车辆不得上道路行驶

续上表

适用条款	释义	法律责任
第七十二条　贮存煤炭、煤矸石、煤渣、煤灰、水泥、石灰、石膏、砂土等易产生扬尘的物料应当密闭；不能密闭的，应当设置不低于堆放物高度的严密围挡，并采取有效覆盖措施防治扬尘污染。 码头、矿山、填埋场和消纳场应当实施分区作业，并采取有效措施防治扬尘污染	该法条主要规定了对于易产生扬尘物料的贮存和运输过程中的扬尘污染防治措施。对于煤炭、煤矸石、煤渣、煤灰、水泥、石灰、石膏、砂土等易产生扬尘的物料，首先应当采取密闭的方式进行贮存，以减少扬尘的产生。在无法实现密闭贮存的情况下，应当设置不低于堆放物高度的严密围挡，并采取有效的覆盖措施（如使用苫盖网、帆布等覆盖物料表面），以防止扬尘扩散。 码头、矿山、填埋场和消纳场等场所由于作业性质特殊，易产生大量扬尘，这些场所应当实施分区作业（即将作业区域划分为不同的功能区），以便有针对性地采取防治措施。在分区作业的基础上，还需要采取其他有效措施来防治扬尘污染（如洒水降尘、设置风屏障等）	**第一百一十七条**　违反本法规定，有下列行为之一的，由县级以上人民政府生态环境等主管部门按照职责责令改正，处一万元以上十万元以下的罚款；拒不改正的，责令停工整治或者停业整治： （一）未密闭煤炭、煤矸石、煤渣、煤灰、水泥、石灰、石膏、砂土等易产生扬尘的物料的； （二）对不能密闭的易产生扬尘的物料，未设置不低于堆放物高度的严密围挡，或者未采取有效覆盖措施防治扬尘污染的； （三）装卸物料未采取密闭或者喷淋等方式控制扬尘排放的； （四）存放煤炭、煤矸石、煤渣、煤灰等物料，未采取防燃措施的； （五）码头、矿山、填埋场和消纳场未采取有效措施防治扬尘污染的

续上表

<table>
<tr><th>适用条款</th><th>释义</th><th>法律责任</th></tr>
<tr><td colspan="3">《排污许可管理条例》
2020年12月9日，国务院第117次常务会议通过；
2021年1月24日，中华人民共和国国务院令第736号公布，自2021年3月1日起施行</td></tr>
<tr><td>第十七条　排污许可证是对排污单位进行生态环境监管的主要依据。排污单位应当遵守排污许可证规定，按照生态环境管理要求运行和维护污染防治设施，建立环境管理制度，严格控制污染物排放</td><td rowspan="3">强化排污单位的主体责任是落实排污许可制度的关键环节。本条例在强化排污单位的主体责任方面主要作了如下规定：要求排污单位按照排污许可证规定和有关标准规范开展自行监测，保存原始监测记录至少5年，对自行监测数据的真实性、准确性负责，实行排污许可重点管理的排污单位还应当安装、使用、维护污染物排放自动监测设备，并与生态环境主管部门的监控设备联网。要求排污单位建立环境管理台账记录制度，如实记录主要生产设施及污染防治设施运行情况。要求排污单位向排污许可证审批部门报告污染物排放行为、排放浓度、排放量，并按照排污许可证规定，如实在全国排污许可证管理信息平台上公开相关污染物排放信息</td><td>—</td></tr>
<tr><td>第十九条　排污单位应当按照排污许可证规定和有关标准规范，依法开展自行监测，并保存原始监测记录。原始监测记录保存期限不得少于5年。排污单位应当对自行监测数据的真实性、准确性负责，不得篡改、伪造</td><td>第三十六条　违反本条例规定，排污单位有下列行为之一的，由生态环境主管部门责令改正，处2万元以上20万元以下的罚款；拒不改正的，责令停产整治：
（五）未按照排污许可证规定制定自行监测方案并开展自行监测；
（六）未按照排污许可证规定保存原始监测记录</td></tr>
<tr><td>第二十条　实行排污许可重点管理的排污单位，应当依法安装、使用、维护污染物排放自动监测设备，并与生态环境主管部门的监控设备联网。排污单位发现污染物排放自动监测设备传输数据异常的，应当及时报告生态环境主管部门，并进行检查、修复</td><td>第三十六条　违反本条例规定，排污单位有下列行为之一的，由生态环境主管部门责令改正，处2万元以上20万元以下的罚款；拒不改正的，责令停产整治：
（三）损毁或者擅自移动、改变污染物排放自动监测设备；
（四）未按照排污许可证规定安装、使用污染物排放自动监测设备并与生态环境主管部门的监控设备联网，或者未保证污染物排放自动监测设备正常运行；
（八）发现污染物排放自动监测设备传输数据异常或者污染物排放超过污染物排放标准等异常情况不报告；
（九）违反法律法规规定的其他控制污染物排放要求的行为</td></tr>
</table>

续上表

适用条款	释义	法律责任
第二十一条 排污单位应当建立环境管理台账记录制度，按照排污许可证规定的格式、内容和频次，如实记录主要生产设施、污染防治设施运行情况以及污染物排放浓度、排放量。环境管理台账记录保存期限不得少于5年。排污单位发现污染物排放超过污染物排放标准等异常情况时，应当立即采取措施消除、减轻危害后果，如实进行环境管理台账记录，并报告生态环境主管部门，说明原因。超过污染物排放标准等异常情况下的污染物排放计入排污单位的污染物排放量		**第三十七条** 违反本条例规定，排污单位有下列行为之一的，由生态环境主管部门责令改正，处每次5千元以上2万元以下的罚款；法律另有规定的，从其规定： （一）未建立环境管理台账记录制度，或者未按照排污许可证规定记录； （二）未如实记录主要生产设施及污染防治设施运行情况或者污染物排放浓度、排放量； （三）未按照排污许可证规定提交排污许可证执行报告； （四）未如实报告污染物排放行为或者污染物排放浓度、排放量
第二十二条 排污单位应当按照排污许可证规定的内容、频次和时间要求，向审批部门提交排污许可证执行报告，如实报告污染物排放行为、排放浓度、排放量等。排污许可证有效期内发生停产的，排污单位应当在排污许可证执行报告中如实报告污染物排放变化情况并说明原因。排污许可证执行报告中报告的污染物排放量可以作为年度生态环境统计、重点污染物排放总量考核、污染源排放清单编制的依据		

续上表

适用条款	释义	法律责任
第二十六条　排污单位应当配合生态环境主管部门监督检查，如实反映情况，并按照要求提供排污许可证、环境管理台账记录、排污许可证执行报告、自行监测数据等相关材料。禁止伪造、变造、转让排污许可证	加强事中事后监管是将排污许可管理制度落到实处的重要保障。本条例在加强排污许可的事中事后监管方面主要作了详细规定，排污单位应积极配合生态环境主管部门完成监督检查工作	**第三十九条**　排污单位拒不配合生态环境主管部门监督检查，或者在接受监督检查时弄虚作假的，由生态环境主管部门责令改正，处2万元以上20万元以下的罚款
第三十条　国家鼓励排污单位采用污染防治可行技术。国务院生态环境主管部门制定并公布污染防治可行技术指南。排污单位未采用污染防治可行技术的，生态环境主管部门应当根据排污许可证、环境管理台账记录、排污许可证执行报告、自行监测数据等相关材料，以及生态环境主管部门及其所属监测机构在行政执法过程中收集的监测数据，综合判断排污单位采用的污染防治技术能否稳定达到排污许可证规定；对不能稳定达到排污许可证规定的，应当提出整改要求，并可以增加检查频次	加强事中事后监管是将排污许可管理制度落到实处的重要保障。本条例要求生态环境主管部门对排污单位污染防治设施运行和维护是否符合排污许可证规定进行监督检查，同时鼓励排污单位采用污染防治可行技术	—
《排污许可管理办法》 2024年4月1日，生态环境部修订发布《排污许可管理办法》，于2024年7月1日起施行		
第三十三条　排污单位应当依照本条例规定，严格落实环境保护主体责任，建立健全环境管理制度，按照排污许可证规定严格控制污染物排放。 排污登记单位应当依照国家生态环境保护法律法规规章等管理规定运行和维护污染防治设施，建设规范化排放口，落实排污主体责任，控制污染物排放	在主体责任方面，本办法规定排污单位应按照《排污许可管理条例》第三章条款要求，严格落实环境主体责任，建立排污许可责任制，健全企业环境管理制度，及时申请取得、延续和变更排污许可证，完善污染防治措施，正常运行自动监测设施，提高自行监测质量。排污单位对提交的环境管理台账记录、排污许可证执行报告、自行监测数据的真实性、准确性、完整性负责	—

续上表

适用条款	释义	法律责任
第三十四条 排污单位应当按照排污许可证规定和有关标准规范，依法开展自行监测，保存原始监测记录。原始监测记录保存期限不得少于五年。 排污单位对自行监测数据的真实性、准确性负责，不得篡改、伪造	自行监测记录包含监测各环节的原始记录、委托监测相关记录、自动监测设备运维记录，各类原始记录内容应当完整并有相关人员签字。委托监测的排污单位应保存监测报告及相应的原始监测记录	—
第三十五条 实行排污许可重点管理的排污单位，应当依法安装、使用、维护污染物排放自动监测设备，并与生态环境主管部门的监控设备联网。 排污单位发现污染物排放自动监测设备传输数据异常的，应当及时报告生态环境主管部门，并进行检查、修复		—
第三十六条 排污单位应当按照排污许可证规定的格式、内容和频次要求记录环境管理台账，主要包括以下内容： （一）与污染物排放相关的主要生产设施运行情况；发生异常情况的，应当记录原因和采取的措施。（二）污染防治设施运行情况及管理信息；发生异常情况的，应当记录原因和采取的措施。（三）污染物实际排放浓度和排放量；发生超标排放情况的，应当记录超标原因和采取的措施。（四）其他按照相关技术规范应当记录的信息。环境管理台账记录保存期限不得少于五年	在排污单位主体责任方面，本管理办法明确要求排污单位记录环境管理台账，规范运行和维护污染防治设施，按照排污许可证规定严格控制污染物排放要求	—

续上表

适用条款	释义	法律责任
第三十七条　排污单位应当按照排污许可证规定的执行报告内容、频次和时间要求，在全国排污许可证管理信息平台上填报、提交排污许可证执行报告。 排污许可证执行报告包括年度执行报告、季度执行报告和月度执行报告。 季度执行报告和月执行报告应当包括以下内容：(一)根据自行监测结果说明污染物实际排放浓度和排放量及达标判定分析；(二)排污单位超标排放或者污染防治设施异常情况的说明。 年度执行报告可以替代当季度或者当月的执行报告，并增加以下内容： (一)排污单位基本生产信息；(二)污染防治设施运行情况；(三)自行监测执行情况；(四)环境管理台账记录执行情况；(五)信息公开情况；(六)排污单位内部环境管理体系建设与运行情况；(七)其他排污许可证规定的内容执行情况。 建设项目竣工环境保护设施验收报告中污染源监测数据等与污染物排放相关的主要内容，应当由排污单位记载在该项目竣工环境保护设施验收完成当年的排污许可证年度执行报告中。排污许可证执行情况应当作为环境影响后评价的重要依据。 排污单位发生污染事故排放时，应当依照相关法律法规规章的规定及时报告	排污单位应当按照《排污许可管理条例》第二十二条规定，向审批部门提交排污许可证执行报告，审批部门可按照技术规范要求对执行报告进行规范性审核。执行报告包括年度执行报告、季度执行报告和月度执行报告，重点管理排污单位需要填报年度执行报告和季度执行报告，重点行业按地方环境管理要求提交月度执行报告；简化管理排污单位只需要填报年度执行报告。年度执行报告应于次年1月31日之前上报；对于持证时间超过三个月的年度，报告周期为当年全年(自然年)；对于持证时间不足三个月的年度，当年可不提交年度执行报告，排污许可证执行情况纳入下一年度执行报告。年度执行报告可以替代当季度或者当月的执行报告。第一、第二、第三季度执行报告应分别于每年4月15日、7月15日、10月15日前上报。对于持证时间超过一个月的季度，报告周期为当季全季(自然季度)；对于持证时间不足一个月的季度，该报告周期内可不提交季度执行报告，排污许可证执行情况纳入下一季度执行报告	—

续上表

<table>
<tr><th>适用条款</th><th>释义</th><th>法律责任</th></tr>
<tr><td colspan="3">《河北省生态环境保护条例》
2020年3月27日，河北省第十三届人大常委会第十六次会议通过，自2020年7月1日起施行</td></tr>
<tr><td>第四十条　排放污染物的企业事业单位和其他生产经营者应当按照国家和本省的要求建设、安装、使用防治污染设施，严格控制污染物排放，未经处理不得直接排放污染物。对于生产过程中产生的粉尘和气态污染物的无组织排放，应当加强精细化管理，依法采取措施，严格控制粉尘和气态污染物的排放。
企业事业单位和其他生产经营者应当保障防治污染设施正常运行，因故障、不可抗力等紧急情况停运防治污染设施的，应当立即向当地生态环境主管部门报告。停运防治污染设施应当同时停运相应的生产设施，确因公共利益需要不能同时停运的，应当采取有效措施，减少污染物排放</td><td>该法条明确了污染防治设施的建设、安装和使用、运行的要求。条款要求相关企业和单位必须按照国家和地方规定的标准，建设和安装污染防治设施，并确保其正常运行。这些设施包括但不限于废气处理设施、废水处理设施、固废暂存间等，旨在从源头上减少污染物排放。同时，为了确保污染防治设施有效运行，也规定了严格的管理措施，如停运需要立即向当地生态环境主管部门报告，停运污染防治设施的同时要停运相应的生产设施，不能同时停运的须采取有效措施减少污染物排放</td><td>第七十九条　违反本条例规定，造成环境污染或者生态破坏的，应当依法承担生态环境损害赔偿责任，并负担清除污染、修复生态环境、修复期间服务功能的损失、生态环境功能永久性损害造成的损失以及生态环境损害赔偿调查、鉴定评估等费用。
因环境污染、生态破坏受到损害的单位和个人，有权依法要求污染者承担停止侵害、排除妨碍、消除危险、恢复原状、赔偿损失等民事侵权责任。
第八十条　违反本条例规定，法律法规对法律责任已有规定的，从其规定</td></tr>
</table>

续上表

适用条款	释义	法律责任
《河北省大气污染防治条例》 2016年1月13日，河北省第十二届人民代表大会第四次会议通过。 2021年9月29日，河北省第十三届人民代表大会常务委员会第二十五次会议《关于修改〈河北省技术市场条例〉等十四部法规的决定》修正		
第四十条　企业料堆场应当按照有关规定进行封闭，不能封闭的应当安装防尘设施或者采取其他抑尘措施。装卸易产生扬尘的物料时，应当采取密闭或者喷淋等抑尘措施	该条款通过明确企业料堆场封闭、防尘设施安装、装卸抑尘措施等要求，旨在从源头上减少堆场静态堆存及装卸过程中的扬尘污染。涉及易产生扬尘的散货物料堆场，企业应当采取封闭措施(包括建设条形仓、筒仓、气膜仓等)，防止物料裸露和风蚀起尘，不能封闭的应安装防尘设施或其他抑尘方式(如建设防风网、喷淋洒水、喷洒抑尘剂、堆垛苫盖等)。针对物料装卸这一起尘节点，要求企业采取密闭措施(如采用皮带机密闭输送)或喷淋措施(如采用移动雾炮、智能喷淋系统、干雾抑尘等措施)，减少装卸过程粉尘污染	**第八十四条**　违反本条例规定，企业事业单位和其他生产经营者有下列行为之一的，由县级以上人民政府住房和城乡建设、交通运输、国土资源、工业和信息化、城市管理、水利、环境保护等部门根据各自职责责令改正，处一万元以上三万元以下罚款；情节较重的，处三万元以上十万元以下罚款；拒不改正的，责令其停工整治。受到罚款处罚，被责令改正，拒不改正的，可以自责令改正之日的次日起，按照原处罚数额按日连续处罚： (一)各类工程建设、矿产资源开采和加工等未采取有效措施防治扬尘污染的； (二)企业料堆场未采取有效措施防治扬尘污染的
第四十一条　运输渣土、砂石、建筑垃圾等易产生扬尘污染物料的车辆应当密闭，物料不得沿途散落或者飞扬，并按照规定路线行驶	该条款通过明确渣土、砂石等易起尘物料运输车辆密闭要求，旨在从源头上避免运输过程物料散落及扬尘污染。车辆密闭可以通过人工苫盖或者选择自动苫盖车厢的方式实现	**第八十五条**　违反本条例规定，运输渣土、砂石、建筑垃圾等易产生扬尘污染物料车辆，未采取密闭或者其他措施防止物料遗撒的，由县级以上地方人民政府确定的监督管理部门责令改正，处二千元以上五千元以下罚款；情节严重的，处五千元以上二万元以下罚款；拒不改正的，不得上道路行驶

续上表

适用条款	释义	法律责任
《河北省港口污染防治条例》 2022年7月28日，河北省十三届人大常委会第三十二次会议表决通过了《河北省港口污染防治条例》，自2022年10月1日起施行		
第二十一条　在码头堆放、装卸和运输易产生扬尘污染物料的，应当符合下列防尘要求： （一）主干道及辅助道路应当铺装或者硬化，采用湿式机械化清扫方式及时清除散落物料，并采取洒水等防尘措施； （二）露天堆场应当设置高于堆存物料的围挡、防风网等设施，并采取遮盖、喷淋等防尘措施； （三）堆料、取料和卸船（车）、装船（车）作业应当降低落料高度，根据货物种类采取相应防尘措施； （四）物料传送皮带应当采取封闭等防尘措施； （五）翻车机房、卸车坑道、码头面、转运站应当设置水力冲洗设备或者真空清扫设施，保持地面整洁； （六）码头堆场出口应当设置运输车辆清洗设施并保障正常运行，车辆清洗干净后方可驶出； （七）法律法规规定的其他防尘要求	围绕港口建设污染防治、港口运营污染防治、港口船舶污染防治、监督管理、法律责任等方面的内容，本条例立足河北省实际，作出明确规范，推动构建生态优先、预防为主、陆海统筹、港城协同、绿色发展的港口生态环境治理和保护体系，填补了河北省港口污染防治方面的法规空白，加强了港口污染防治全过程监督管理。 该条款详细规定了港口污染防治中关于扬尘管控的多项具体措施。包括道路铺装、硬化、洒水，堆场围挡、遮盖、喷淋，装卸作业防尘，皮带机封闭，作业地面水力冲洗与清洁，车辆清洗等	**第五十二条**　违反本条例规定，码头堆放、装卸和运输易产生扬尘污染物料未采取有效措施防治扬尘污染的，由港口行政管理部门责令改正，处一万元以上三万元以下的罚款；情节较重的，处三万元以上十万元以下的罚款；拒不改正的，责令其停工停产整治

续上表

适用条款	释义	法律责任
《河北省扬尘污染防治办法》 2020年2月7日，经河北省政府第77次常务会议通过，自2020年4月1日起施行		
第十七条　堆放易产生扬尘物料的场所，应当符合下列防尘要求： （一）划分物料区域和道路界限，及时清除散落的物料，保持物料堆放区域和道路整洁； （二）场地进行硬化处理，并及时清扫、清洗； （三）物料堆场周边设置高于堆存物料的围挡、防风网等设施，并采取遮盖、喷淋等防尘措施； （四）露天装卸作业的，应当采取洒水等防尘措施，采用密闭输送设备作业的，在装料、卸料处配备吸尘、喷淋等防尘设施，并保持防尘设施正常使用； （五）出口应当硬化地面并设置车辆清洗保洁设施，车辆冲洗干净后方可驶出； （六）同步安装视频监控设备和扬尘污染物在线监测设备，并与生态环境主管部门及其他负有扬尘污染防治监督管理职责的部门的监控设备联网，保证系统正常运行，发生故障应当在二十四小时内修复； （七）法律、法规、规章规定的其他扬尘污染防治措施。 任何单位和个人不得擅自在城市道路范围内和公共场地堆放易产生扬尘的物料	本办法紧紧围绕“针对性、指导性、可操作性”总要求，立足解决实际问题和创新突破，针对近年来河北省扬尘污染防治和监督执法过程中发现的突出问题，结合重污染天气应急响应的相关要求，对扬尘污染防治措施进行了细化量化，作出了进一步规范。 一是明确科学防治扬尘理念。鼓励、支持企业事业单位研发、推广和应用扬尘污染防治新技术、新工艺、新设备；合理设置降尘监测点位，加强扬尘污染监测；对扬尘来源进行调查，建立相应的污染源数据库，确定本行政区域的重点扬尘污染源，并对重点扬尘污染源责任单位实行重点监管。 二是明确职能部门扬尘防治责任。生态环境主管部门实施统一监督管理，住房城乡建设、自然资源、交通运输、城市管理、工业和信息化、农业农村、水行政等部门在各自职责范围内对扬尘污染防治实施监督管理；针对乡镇人民政府、街道办事处等处在防尘一线但又没有执法权的实际情况，规定其对发现的扬尘污染行为及时予以制止并报告相关部门	**第四十条**　违反本办法规定，建设施工、物料堆放、码头作业、矿产资源开采和加工未依法采取有效措施防治扬尘污染的，由监督管理部门责令改正，处一万元以上三万元以下罚款；情节较重的，处三万元以上十万元以下罚款；拒不改正的，责令其停工停产整治

续上表

<table>
<tr><th>适用条款</th><th>释义</th><th>法律责任</th></tr>
<tr><td>**第十八条**　工业企业物料堆场除符合本办法第十七条有关规定外，还应当符合工业物料堆场扬尘污染控制的技术规范要求和安全生产及职业卫生相关规定。储存煤粉、粉煤灰、铁精粉、生石灰、水泥、水泥熟料、矿渣、硅石、炉渣等易产生扬尘的粉状或者粒状物料的，应当采取入棚、入仓的方式封闭储存。鼓励采用入棚、入仓方式封闭储存块状物料。</td><td rowspan="2">三是规定扬尘防治措施和扬尘污染物排放“双达标”要求。在对建设工程施工提出应当采取的防尘要求的同时，要求施工场地扬尘污染物排放符合国家和本省污染物排放标准，并分别制定了相应的法律责任，既要措施到位，又要排放达标。
四是分类细化扬尘污染防治措施。分建筑工程施工、市政工程施工、公路水利工程施工、工业企业料堆场、码头、露天矿山、道路公路养护保洁、物料运输等领域对扬尘防治措施进行了规范，以实现企业好执行、部门好监管、责任好落实。针对遮盖、覆盖防尘措施搞形式、效果差的问题，对防尘网密度进行了明确（遮盖块状物料的防尘网，网目密度不得少于800目/100cm^2；遮盖粒状、粉状物料和裸露地面等的防尘网，网目密度不得少于2000目/100cm^2），并要求有效防风加固，保证完整无损；针对渣土等运输中沿路遗撒问题，要求装载物不得超过车厢挡板高度，并采取完全密闭措施</td><td rowspan="2">**第四十四条**　违反本办法规定，有下列情形之一，受到罚款处罚的，被责令改正，拒不改正的，可以自责令改正之日的次日起，按照原处罚数额按日连续处罚：
（一）建设施工未依法采取扬尘污染防治措施的；
（二）物料堆放未依法采取扬尘污染防治措施的；
（三）矿产资源开采、加工未依法采取扬尘污染防治措施的；
（四）超过扬尘污染物排放标准的</td></tr>
<tr><td>**第十九条**　码头堆放、装卸和运输作业，应当符合下列防尘要求：
（一）主干道及辅助道路应当铺装或者硬化，采用湿式机械化清扫方式及时清除散落物料，并采取洒水等防尘措施；
（二）露天堆场设置高于堆存物料的围挡、防风网等设施，并采取遮盖、喷淋等防尘措施；
（三）堆料、取料和卸船（车）、装船（车）作业，应当降低落料高度，采取湿式作业，保证喷淋喷雾设施有效覆盖起尘范围；
（四）物料传送皮带应当采取密闭、吸尘等防尘措施；
（五）翻车机房、卸车坑道、码头面、转运站应当设置水力冲洗设备或者真空清扫设施，保持地面整洁；
（六）在出口设置运输车辆清洗设施，车辆冲洗干净后方可驶出；
（七）法律、法规、规章规定的其他扬尘污染防治措施</td></tr>
</table>

续上表

适用条款	释义	法律责任
第二十四条　运输煤炭、垃圾、渣土、砂石、土方、灰浆等易产生扬尘污染物料的车辆，应当符合下列防尘要求： (一)依法安装、使用符合国家标准的卫星定位系统、行驶记录仪，并保持号牌清晰； (二)建筑垃圾、工程渣土运输车辆应当持有城市管理等主管部门核发的核准文件； (三)通行限行区域或者路段时，应当随车携带公安机关交通管理部门核发的通行证件，并按规定的时间、区域、路线、车速通行； (四)装载物不得超过车厢挡板高度，并采取完全密闭措施，防止物料遗撒、滴漏或者扬散； (五)车辆除泥、冲洗干净后方可驶出作业场所，并保持车体整洁； (六)法律、法规、规章规定的其他扬尘污染防治措施。 途经、停靠我省的货运列车，应当采取有效防尘措施，防止物料遗撒、扬散	五是实施应急减排差异化管控。对企业事业单位和其他生产经营者，结合其污染防治水平、排放强度、企业管理水平、交通运输方式等进行评价和绩效分级，实施应急减排差异化管控。鼓励企业结合行业生产特点和对空气质量的影响，采取季节性生产调控措施。 六是强化扬尘污染法律责任。除对未依法采取有效措施防治扬尘污染，未实现扬尘污染物达标排放等违法行为明确规定了相关罚则外，对拒不改正违法行为的，还作出按日计罚的有关规定	**第四十一条**　违反本办法规定，运输煤炭、垃圾、渣土、砂石、土方、灰浆等易产生扬尘污染物料未依法采取有效措施防治扬尘污染的，由监督管理部门责令改正，处二千元以上五千元以下罚款；情节严重的，处五千元以上二万元以下罚款；拒不改正的，车辆不得上道路行驶
第二十五条　按照本办法需要使用防尘网遮盖的，防尘网的密度应当符合要求，并采取有效防风加固措施。遮盖块状物料的防尘网，网目密度不得少于800目/100cm^2；遮盖粒状、粉状物料和裸露地面等的防尘网，网目密度不得少于2000目/100cm^2。 防尘网应当保持完整无损，破损的应当及时修复或者更换。 在铁路两侧200m范围内施工或者堆放物料的，应当采用入棚、入仓、硬化、绿化、喷洒抑尘剂等防尘措施，必须使用防尘网的，应当按照规范设置，并及时清理闲置、废弃的防尘网		—

续上表

适用条款	释义	法律责任
《河北省人民代表大会常务委员会关于加强扬尘污染防治的决定》 2018年10月19日，河北省第十三届人民代表大会常务委员会第六次会议通过，自2018年11月1日起施行		
第十三条 运输煤炭、垃圾、渣土、砂石、土方、灰浆等易产生扬尘污染物料的车辆，应当采取完全密闭措施，保持车体整洁，防止物料散落滴漏，并按照规定路线行驶	本《决定》适用于本省行政区域内的扬尘污染防治。《决定》针对易产生扬尘物料的运输、堆放、装卸等关键环节提出了具体的扬尘污染防治措施。企业事业单位和其他生产经营者应当遵守法律法规的规定，采取有效措施，防止和减少扬尘污染	**第二十八条** 违反本决定规定，运输煤炭、垃圾、渣土、砂石、土方、灰浆等易产生扬尘污染物料的车辆未依法采取完全密闭措施防止物料散落滴漏的，由监督管理部门责令改正，处二千元以上五千元以下罚款；情节严重的，处五千元以上二万元以下罚款；拒不改正的，不得上道路行驶
第十四条 堆放工业物料、建筑物料等易产生扬尘污染物料的场所应当符合下列扬尘污染防治要求： （一）划分物料堆放区域和道路的界线，及时清除散落的物料，保持物料堆放区域和道路整洁； （二）场地进行硬化处理，并及时清扫、清洗； （三）采用围挡、防风网或者其他封闭仓储措施，配备喷淋等防尘设施； （四）砂石、粉煤灰等物料按平面布置图分类、分规格存放，易产生扬尘的石膏粉、石灰粉、腻子粉等物料（包括粒料）采用密闭容器存放，或者袋装入库集中管理； （五）装卸、搅拌、筛分、传送物料应当采取密闭、吸尘等防尘措施； （六）在出口设置运输车辆清洗保洁设施，车辆清洗干净后方可驶出； （七）其他扬尘污染防治措施		**第二十七条** 违反本决定规定，建设施工、矿产资源开采和加工、物料堆放、码头作业未依法采取有效措施防治扬尘污染的，由监督管理部门责令改正，处一万元以上三万元以下罚款；情节较重的，处三万元以上十万元以下罚款；拒不改正的，责令其停工停产整治

续上表

适用条款	释义	法律责任
第十九条　在码头堆放、装卸和运输易产生扬尘污染物料的，应当符合下列扬尘污染防治要求： （一）科学划分物料堆放场地和道路，进行硬化处理，及时清除散落物料，保持场地、道路整洁，并采取洒水等防尘措施； （二）物料堆场应当采用围挡、防风网或者其他封闭仓储措施，配备喷淋等防尘设施； （三）堆料、取料作业，卸船（车）、装船（车）作业，应当降低落料高度，并采取吸尘、喷淋等防尘措施，物料传送皮带应当采取密闭、吸尘等防尘措施； （四）在出口设置运输车辆清洗保洁设施，车辆清洗干净后方可驶出； （五）其他扬尘污染防治措施	—	—

续上表

适用条款	释义	法律责任
《唐山市大气污染防治若干规定》 2019年8月30日，唐山市第十五届人民代表大会常务委员会第二十五次会议通过； 2019年9月28日，河北省第十三届人民代表大会常务委员会第十二次会议批准，于2019年9月30日公布，自2019年11月1日起施行； 2020年11月3日，唐山市第十五届人民代表大会常务委员会第三十六次会议《关于修改〈唐山市房地产交易管理条例〉等四部地方性法规的决定》修正，2021年3月31日河北省第十三届人民代表大会常务委员会第二十二次会议批准，于2021年4月6日公布施行		
第六条 工业生产企业应当加强精细化管理，采取集中收集处理措施，严格控制粉尘和气态污染物的排放	制定《唐山市大气污染防治若干规定》(2021年修正)主要依据《中华人民共和国环境保护法》《中华人民共和国大气污染防治法》《河北省大气污染防治条例》等法律法规和河北省、生态环境部关于大气污染防治的有关规定。《若干规定》共含20条，主要内容包括污染物排放自动监测、机动车管控、扬尘治理、重污染天气预警和大气环境质量管控等	**第六条** 未采取集中收集处理措施，或者未采取密闭、围挡、遮盖、清扫、洒水等措施，控制、减少粉尘和气态污染物排放的，由生态环境主管部门或者其他监督管理部门责令改正，处二万元以上五万元以下罚款；情节较重的，处五万元以上十万元以下罚款；情节严重的，处十万元以上二十万元以下的罚款；拒不改正的，依法作出处罚决定的行政机关可以自责令改正之日的次日起，按照原处罚数额按日连续处罚，并责令停产整治
第十一条 运输渣土、砂石、建筑垃圾等易产生扬尘污染物料的车辆应当密闭并按照规定路线行驶，物料不得沿途散落或者飞扬		**第十一条** 违反本规定，运输渣土、砂石、建筑垃圾等易产生扬尘污染物料的车辆，未采取密闭或者其他措施防止物料遗撒的，在城市道路上，由城市管理综合行政执法部门责令改正，处二千元以上五千元以下罚款；情节严重的，处五千元以上二万元以下罚款；拒不改正的，不得上道路行驶。在公路上，由交通运输主管部门按照上述规定予以处罚

续上表

适用条款	释义	法律责任
《沧州市大气污染防治若干规定》 2020年12月21日，沧州市十四届人民代表大会常务委员会第三十二次会议通过； 2021年3月31日，河北省第十三届人民代表大会常务委员会第二十二次会议批准		
第十三条 排放大气污染物造成环境污染或者生态破坏的，应当依法承担生态环境损害赔偿责任，并负担修复生态环境、修复期间服务功能的损失、生态环境功能永久性损害造成的损失以及生态环境损害赔偿调查、鉴定评估等费用	《若干规定》以上位法《中华人民共和国大气污染防治法》《河北省大气污染防治条例》《河北省生态环境保护条例》等法律法规为依据，上位法已规定的内容原则上不再重复，只是对上位法作细化、补充和完善，同时增加了一些创制性规定的条款，使之更符合沧州市实际情况	—
《秦皇岛市大气污染防治办法》(草案征求意见稿) 2021年9月13日，秦皇岛市人民政府公布《秦皇岛市大气污染防治办法》(草案征求意见稿)		
第六条 企业事业单位和其他生产经营者向大气排放污染物的，应当按照有关规定设置监测点位和采样监测平台并保持正常使用，接受生态环境主管部门或者其他监督管理部门的监督性监测	为保护和改善生态环境，防治大气污染，保障公众健康，推进实施"生态立市"战略，促进经济社会可持续发展和生态文明建设，依照《中华人民共和国环境保护法》《中华人民共和国大气污染防治法》《河北省大气污染防治条例》等有关法律法规，结合秦皇岛市实际，制定本办法，本办法适用于秦皇岛市行政区域内大气污染防治及其监督管理活动	**第六条** 未按照国家规定设置监测点位或者采样监测平台的，由生态环境主管部门依照《中华人民共和国大气污染防治法》第一百条未按照规定设置大气污染物排放口的行为处罚

续上表

适用条款	释义	法律责任
第七条 工业生产企业应当加强精细化管理，采取集中收集处理等措施，严格控制粉尘和气态污染物的排放	—	**第七条** 未采取集中收集处理措施，或者未采取密闭、围挡、遮盖、清扫、洒水等措施，控制、减少粉尘和气态污染物排放的，由生态环境主管部门依照《中华人民共和国大气污染防治法》及本办法责令改正，处二万元以上五万元以下罚款；情节较重的，处五万元以上十万元以下罚款；情节严重的，处十万元以上二十万元以下的罚款；拒不改正的，责令停产整治，依法作出处罚决定的行政机关可以自责令改正违法行为决定书送达之日的次日起，按照原处罚数额按日连续处罚
第十四条 运输渣土、砂石、建筑垃圾等易产生扬尘污染物料的车辆应当密闭并按照规定路线行驶，物料不得沿途散落或者飞扬		**第十四条** 违反本办法，运输渣土、砂石、建筑垃圾等易产生扬尘污染物料的车辆，未采取密闭或者其他措施防止物料遗撒的，在城市道路上，由城市管理综合行政执法部门依照《河北省大气污染防治条例》责令改正，处二千元以上五千元以下罚款；情节严重的，处五千元以上二万元以下罚款；拒不改正的，不得上道路行驶。在公路上，由交通运输主管部门按照上述规定予以处罚

续上表

适用条款	释义	法律责任
《浙江省大气污染防治条例》 2003年6月27日，浙江省第十届人民代表大会常务委员会第四次会议通过； 2016年5月27日，浙江省第十二届人民代表大会常务委员会第二十九次会议修订； 2020年11月27日，浙江省第十三届人民代表大会常务委员会第二十五次会议《关于修改〈浙江省大气污染防治条例〉等六件地方性法规的决定》修正		
第四十三条　运输和装卸煤炭、垃圾、渣土、砂石、土方、水泥、混凝土、砂浆等散装、流体物料的车辆，应当采取密闭或者其他措施，防止扬尘污染，并按照规定时间和路线行驶	—	—
《江苏省大气污染防治条例》 2015年2月1日，江苏省第十二届人民代表大会第三次会议通过； 2018年3月28日，江苏省第十三届人民代表大会常务委员会第二次会议《关于修改〈江苏省大气污染防治条例〉等十六件地方性法规的决定》第一次修正； 2018年11月23日，江苏省第十三届人民代表大会常务委员会第六次会议《关于修改〈江苏省湖泊保护条例〉等十八件地方性法规的决定》第二次修正		
第五十五条　钢铁、火电、建材等企业和港口码头、建设工地的物料堆放场所应当按照要求进行地面硬化，并采取密闭、围挡、遮盖、喷淋、绿化、设置防风抑尘网等措施。物料装卸可以密闭作业的应当密闭，避免作业起尘。大型煤场、物料堆放场所应当建立密闭料仓与传送装置。 物料堆放场所出口应当硬化地面并设置车辆清洗设施，运输车辆冲洗干净后方可驶出作业场所。施工单位和物料堆放场所经营管理者应当及时清扫和冲洗出口处道路，路面不得有明显可见泥土、物料印迹	—	**第九十四条**　有下列行为之一的，由生态环境、住房城乡建设、交通运输、水利等行政主管部门根据各自职责责令限期改正，处一万元以上十万元以下罚款；对逾期仍未达到当地环境保护规定要求的，责令其停工整顿： （一）违反本条例第五十五条规定，未采取扬尘防治措施的

续上表

适用条款	释义	法律责任
《辽宁省大气污染防治条例》 2017年5月25日，辽宁省第十二届人民代表大会常务委员会第三十四次会议通过； 2020年3月30日，辽宁省第十三届人民代表大会常务委员会第十七次会议《关于修改〈辽宁省出版管理规定〉等27件地方性法规的决定》第一次修正； 2022年4月21日，辽宁省第十三届人民代表大会常务委员会第三十二次会议《关于修改〈辽宁省食品安全条例〉等10件地方性法规的决定》第二次修正		
第四十六条　矿山、码头、填埋场和消纳场应当实行分区作业，堆放易产生扬尘物料的，应当遵守下列防尘规定： （一）场坪、路面应当进行硬化处理，并保持路面整洁； （二）周边应当配备高于堆存物料的围挡、防风抑尘网等设施，大型堆场应当配置车辆清洗专用设施； （三）对物料应当采取相应的覆盖、喷淋等防风抑尘措施； （四）露天装卸物料应当采取洒水、喷淋等抑尘措施，密闭输送物料应当在装卸处配备吸尘、喷淋等设施	—	**第六十条**　违反本条例规定，矿山、码头、填埋场和消纳场堆放易产生扬尘物料，未采取有效防尘措施的，由生态环境等主管部门责令限期改正，处一万元罚款；情节较重的，处五万元罚款；情节严重的，处十万元罚款；逾期不改正的，责令停工整治

续上表

适用条款	释义	法律责任
《福建省大气污染防治条例》 2018年11月23日,福建省第十三届人民代表大会常务委员会第七次会议通过并公布,自2019年1月1日起施行		
第四十五条 港口码头的物料堆放场所应当进行地面硬化,并采取密闭、围挡、遮盖、喷淋、绿化、设置防风抑尘网等措施,避免作业扬尘。 物料堆放场所出口应当硬化地面并设置车辆清洗设施,运输车辆冲洗干净后方可驶出作业场所。物料堆放场所经营管理者应当及时清扫和冲洗出口处道路	—	**第七十九条** 违反本条例规定,运输和装卸煤炭、垃圾、渣土、砂石、土方、灰浆等散装、流体物料的车辆,未采取密闭或者其他措施防止物料抛撒滴漏,造成扬尘污染的,由县级以上地方人民政府确定的监督管理部门责令改正,处二千元以上二万元以下罚款;拒不改正的,车辆不得上道路行驶。 违反本条例规定,港口码头的物料堆放场未采取有效措施造成扬尘污染的,由县级以上地方人民政府交通运输(港口)主管部门责令改正,处一万元以上十万元以下罚款;拒不改正的,责令停工整治或者停业整治
第五十二条 运输和装卸煤炭、垃圾、渣土、砂石、土方、水泥、混凝土、砂浆等散装、流体物料应当使用符合条件的车辆,配备卫星定位系统,按照规定路线和时间行驶,采取密闭或者其他措施,防止抛撒滴漏造成扬尘污染。设区的市、县(市、区)人民政府有关部门应当按照各自职责加强对运输和装卸散装、流体物料车辆的监管,依法查处抛撒滴漏行为	—	—

续上表

适用条款	释义	法律责任
《天津市大气污染防治条例》 2015年1月30日，天津市第十六届人民代表大会第三次会议通过； 2017年12月22日，天津市第十六届人民代表大会常务委员会第四十次会议《关于修改部分地方性法规的决定》第一次修正； 2018年9月29日，天津市第十七届人民代表大会常务委员会第五次会议《关于修改部分地方性法规的决定》第二次修正； 2020年9月25日，天津市第十七届人民代表大会常务委员会第二十三次会议《关于修改〈天津市供电用电条例〉等七部地方性法规的决定》第三次修正		
第六十三条　煤炭、煤矸石、煤渣、煤灰、矿粉、砂石、灰土等易产生扬尘的散体物料堆场，应当密闭贮存；不能密闭的，应当按照规定设置严密围挡或者防风抑尘网，并采取有效覆盖措施防止扬尘。装卸物料应当采取密闭或者喷淋等方式控制扬尘排放	—	**第八十八条**　违反本条例规定，未实施扬尘污染防治措施，造成扬尘污染的，由有关部门责令限期改正，并按照以下规定予以处罚： （三）存放煤炭、煤矸石、煤渣、煤灰、矿粉、砂石、灰土等易产生扬尘的散体物料堆场，未采取密闭贮存、设置围挡或者防风抑尘网等有效措施防止扬尘的，或者装卸物料未采取密闭或者喷淋等方式的，由生态环境主管部门处一万元以上十万元以下罚款，拒不改正的，责令停工整治或者停业整治。 （四）运输散装、流体物料撒漏造成扬尘污染的，由城市管理部门按照本市市容环境有关规定处罚。 **第九十一条**　违反本条例规定，企业事业单位和其他生产经营者有下列行为之一，受到罚款处罚，被责令改正，拒不改正的，依法作出处罚决定的行政主管部门可以自责令改正之日的次日起，按照原处罚数额按日连续处罚：（六）存放煤炭、煤矸石、煤渣、煤灰、矿粉、砂石、灰土等易产生扬尘的散体物料堆场，未采取密闭贮存、设置围挡或者防风抑尘网等有效措施防止扬尘的，或者装卸物料未采取密闭或者喷淋等方式的
第六十四条　运输企业运输工程渣土、矿粉、砂石、灰浆、建筑垃圾等散装、流体物料的，应当采用专用车辆密闭运输，并按照指定的时间、区域和路线行驶	—	

续上表

适用条款	释义	法律责任
《上海市大气污染防治条例》 2014年7月25日，上海市第十四届人民代表大会常务委员会第十四次会议通过； 2017年12月28日，上海市第十四届人民代表大会常务委员会第四十二次会议《关于修改本市部分地方性法规的决定》第一次修正； 2018年12月20日，上海市第十五届人民代表大会常务委员会第八次会议《关于修改〈上海市大气污染防治条例〉的决定》第二次修正		
第五十六条　装卸、运输易产生扬尘污染的物料的车辆，应当采用密闭化措施。运输单位和个人应当加强对车辆机械密闭装置的维护，确保设备正常使用，运输途中的物料不得沿途泄漏、散落或者飞扬。 装卸、运输易产生扬尘污染的物料的船舶应当采取覆盖措施	—	**第九十八条**　违反本条例第五十六条第一款规定，运输车辆未采用密闭化措施，或者在运输过程中物料泄漏、散落、飞扬的，由公安交通管理部门或者绿化市容行政管理部门依照有关法律、法规处理。违反本条例第五十六条第二款规定，船舶未采取覆盖措施的，由海事部门责令改正，处一万元以上十万元以下罚款
第五十七条　堆放易产生扬尘污染的物料的港口、码头、堆场、混凝土搅拌站和露天仓库等场所应当采取围挡、遮盖、密闭和其他防治扬尘污染的措施，并符合下列防尘要求： （一）地面进行硬化处理； （二）采用混凝土围墙或者天棚储库，库内配备喷淋或者其他抑尘措施； （三）采用输送设备作业的，应当在落料、卸料处配备吸尘、喷淋等防尘设施，并保持防尘设施的正常使用； （四）在出口处设置车辆清洗的专用场地，配备运输车辆冲洗保洁设施； （五）划分料区和道路界限，及时清除散落的物料，保持道路整洁，并及时清洗	—	**第九十八条**　违反本条例第五十七条规定，港口、码头及其堆场未采取有效扬尘防治措施的，由交通行政管理部门责令改正，处一万元以上十万元以下罚款；露天仓库和其他堆场未采取有效扬尘防治措施的，由生态环境部门责令改正，处一万元以上十万元以下罚款；混凝土搅拌站未采取有效扬尘防治措施的，由建设行政管理部门责令改正，处一万元以上十万元以下罚款

2.2 政策性文件

本指南汇集并梳理了国家及地方政策性文件中与散货码头粉尘污染管控相关的政策要求，见表2.2-1。

国家及地方政策性文件中与散货码头粉尘污染管控相关的政策要求　　表2.2-1

《中共中央　国务院关于印发〈交通强国建设纲要〉的通知》（中发〔2019〕39号）
建设交通强国是以习近平同志为核心的党中央立足国情、着眼全局、面向未来作出的重大战略决策，是建设现代化经济体系的先行领域，是全面建成社会主义现代化强国的重要支撑，是新时代做好交通工作的总抓手。为统筹推进交通强国建设，制定本纲要
三、交通装备先进适用、完备可控 （三）推进装备技术升级。 推广新能源、清洁能源、智能化、数字化、轻量化、环保型交通装备及成套技术装备。广泛应用智能高铁、智能道路、智能航运、自动化码头、数字管网、智能仓储和分拣系统等新型装备设施，开发新一代智能交通管理系统。提升国产飞机和发动机技术水平，加强民用航空器、发动机研发制造和适航审定体系建设。推广应用交通装备的智能检测监测和运维技术。加速淘汰落后技术和高耗低效交通装备。 **七、绿色发展节约集约、低碳环保** （二）强化节能减排和污染防治。 优化交通能源结构，推进新能源、清洁能源应用，促进公路货运节能减排，推动城市公共交通工具和城市物流配送车辆全部实现电动化、新能源化和清洁化。打好柴油货车污染治理攻坚战，统筹油、路、车治理，有效防治公路运输大气污染。严格执行国家和地方污染物控制标准及船舶排放区要求，推进船舶、港口污染防治。降低交通沿线噪声、振动，妥善处理好大型机场噪声影响。开展绿色出行行动，倡导绿色低碳出行理念
《中共中央　国务院关于全面加强生态环境保护　坚决打好污染防治攻坚战的意见》（国务院公报　2018年第19号）
良好生态环境是实现中华民族永续发展的内在要求，是增进民生福祉的优先领域。为深入学习贯彻习近平新时代中国特色社会主义思想和党的十九大精神，决胜全面建成小康社会，全面加强生态环境保护，打好污染防治攻坚战，提升生态文明，建设美丽中国，提出本意见
（三）打好柴油货车污染治理攻坚战。 以开展柴油货车超标排放专项整治为抓手，统筹开展油、路、车治理和机动车船污染防治。严厉打击生产销售不达标车辆、排放检验机构检测弄虚作假等违法行为。加快淘汰老旧车，鼓励清洁能源车辆、船舶的推广使用。建设“天地车人”一体化的机动车排放监控系统，完善机动车遥感监测网络。推进钢铁、电力、电解铝、焦化等重点工业企业和工业园区货物由公路运输转向铁路运输。显著提高重点区域大宗货物铁路水路货运比例，提高沿海港口集装箱铁路集疏港比例。重点区域提前实施机动车国六排放标准，严格实施船舶和非道路移动机械大气排放标准。鼓励淘汰老旧船舶、工程机械和农业机械。落实珠三角、长三角、环渤海京津冀水域船舶排放控制区管理政策，全国主要港口和排放控制区内港口靠港船舶率先使用岸电。到2020年，长江干线、西江航运干线、京杭运河水上服务区和待闸锚地基本具备船舶岸电供应能力。2019年1月1日起，全国供应符合国六标准的车用汽油和车用柴油，力争重点区域提前供应。尽快实现车用柴油、普通柴油和部分船舶用油标准并轨。内河和江海直达船舶必须使用硫含量不大于10mg/kg的柴油。严厉打击生产、销售和使用非标车（船）用燃料行为，彻底清除黑加油站点

续上表

《中共中央　国务院关于深入打好污染防治攻坚战的意见》(国务院公报　2021年第32号)
良好生态环境是实现中华民族永续发展的内在要求,是增进民生福祉的优先领域,是建设美丽中国的重要基础。党的十八大以来,以习近平同志为核心的党中央全面加强对生态文明建设和生态环境保护的领导,开展了一系列根本性、开创性、长远性工作,推动污染防治的措施之实、力度之大、成效之显著前所未有,污染防治攻坚战阶段性目标任务圆满完成,生态环境明显改善,人民群众获得感显著增强,厚植了全面建成小康社会的绿色底色和质量成色。同时应该看到,我国生态环境保护结构性、根源性、趋势性压力总体上尚未根本缓解,重点区域、重点行业污染问题仍然突出,实现碳达峰、碳中和任务艰巨,生态环境保护任重道远。为进一步加强生态环境保护,深入打好污染防治攻坚战,提出本意见
(十三)持续打好柴油货车污染治理攻坚战。 深入实施清洁柴油车(机)行动,全国基本淘汰国三及以下排放标准汽车,推动氢燃料电池汽车示范应用,有序推广清洁能源汽车。进一步推进大中城市公共交通、公务用车电动化进程。不断提高船舶靠港岸电使用率。实施更加严格的车用汽油质量标准。加快大宗货物和中长途货物运输"公转铁""公转水",大力发展公铁、铁水等多式联运。"十四五"时期,铁路货运量占比提高0.5个百分点,水路货运量年均增速超过2%。 (十四)加强大气面源和噪声污染治理。 强化施工、道路、堆场、裸露地面等扬尘管控,加强城市保洁和清扫。加大餐饮油烟污染、恶臭异味治理力度。强化秸秆综合利用和禁烧管控。到2025年,京津冀及周边地区大型规模化养殖场氨排放总量比2020年下降5%。深化消耗臭氧层物质和氢氟碳化物环境管理。实施噪声污染防治行动,加快解决群众关心的突出噪声问题。到2025年,地级及以上城市全面实现功能区声环境质量自动监测,全国声环境功能区夜间达标率达到85%
《交通运输部　国家发展改革委　自然资源部　生态环境部　水利部关于加快沿海和内河港口码头改建扩建工作的通知》(交水发〔2023〕18号) 为全面学习贯彻党的二十大精神,贯彻落实习近平总书记关于港口建设发展的重要指示精神,落实党中央、国务院关于加快建设交通强国、海洋强国,积极扩大有效投资的决策部署和中央财经委员会第十一次会议精神,推动港口高质量发展,促进资源节约集约利用,就做好沿海和内河港口码头改建扩建工作发布本通知
二、准确把握码头改建扩建工作范围 (二)码头专业化改造及货类调整类项目。 通过改造装卸工艺设备和相应基础设施,实现通用、多用途等非专业化码头向专业化集装箱、干散货、客运码头等的转变,以及不同货类码头之间的转变或功能扩展。 (四)码头自动化、智能化改造类项目。 不改变现有码头等级和货类,对码头开展自动化、智能化改造,包括传统码头升级改造为自动化码头等新型基础设施改造项目。 除上述码头改建扩建项目,鼓励港口企业更新改造集疏运系统设施设备,更新改造堆场、中转仓储等配套设施,提高粮食等大宗商品中转接卸、集疏运能力;提升绿色工艺技术水平,优先采用清洁能源和新能源,依法依规加快岸电、油气回收、封闭半封闭抑尘等设施建设或改造,推进节能减污降碳协同增效,不断提高生产效率和安全环保水平

续上表

<table>
<tr><td>《交通运输部　发展改革委　财政部　自然资源部　生态环境部　应急部　海关总署　市场监管总局　国家铁路集团关于建设世界一流港口的指导意见》(交水发〔2019〕141号)
港口是综合交通运输枢纽,也是经济社会发展的战略资源和重要支撑。为深入贯彻习近平新时代中国特色社会主义思想和习近平总书记关于港口发展的重要指示精神,贯彻落实《交通强国建设纲要》,加快世界一流港口建设,提出本指导意见</td></tr>
<tr><td>(二)加快绿色港口建设。
4.着力强化污染防治。推进港口和船舶污染防治攻坚,开展既有码头环保设施升级改造及港口规范作业专项行动。推动市县人民政府依法统筹规划建设港口船舶污染物接收、转运、处置设施,加强分类管理、有效处置和利用。优化污染治理模式,新建港区同步推进环保设施的规划建设和综合利用,逐步推行内河船舶污染物集中接收转运、小型船舶"船上储存交岸处置"为主的排放治理模式。健全环保标准制度,强化散货作业防尘抑尘措施,推进原油、成品油装船码头油气回收。严格实施危险废物、船舶水污染物转移联合监管制度,加快单证电子化管理和多部门共享。2025年初步形成设施齐备、制度健全、运行有效的港口和船舶污染防治体系;2035年港口和船舶污染防治水平居于世界前列。
(三)加快智慧港口建设。
7.建设智能化港口系统。加强自主创新、集成创新,加大港作机械等装备关键技术、自动化集装箱码头操作系统、远程作业操控技术研发与推广应用,积极推进新一代自动化码头、堆场建设改造。建设基于5G、北斗、物联网等技术的信息基础设施,推动港区内部集卡和特殊场景集疏运通道集卡自动驾驶示范,深化港区联动。到2025年,部分沿海集装箱枢纽港初步形成全面感知、泛在互联、港车协同的智能化系统。到2035年,集装箱枢纽港基本建成智能化系统。
(六)推进港口治理体系现代化。
17.推动完善法规政策标准。加快《中华人民共和国港口法》修订研究工作,完善配套规章制度。以高质量发展为导向,建立实施港口发展指标体系,完善港口管理体制机制、投融资体制、统计监测制度和港口发展政策。以安全、绿色、智慧为重点,完善港口标准</td></tr>
<tr><td>《交通运输部关于全面加强生态环境保护坚决打好污染防治攻坚战的实施意见》(交规划发〔2018〕81号)
为深入贯彻习近平总书记重要讲话精神和《中共中央　国务院关于全面加强生态环境保护坚决打好污染防治攻坚战的意见》,进一步推进交通运输生态文明建设,加强生态环境保护,打好污染防治攻坚战,制定本实施意见</td></tr>
<tr><td>二、建设绿色交通基础设施
(二)全面推进绿色交通基础设施建设。
将绿色发展理念贯穿于交通基础设施工可、设计、建设、运营和养护全过程,通过土地节约、材料节约及再生循环利用、生态环境保护等举措,积极推进绿色铁路、绿色机场、绿色公路、绿色航道、绿色港口建设。建设项目严格执行国家环境保护"三同时"制度。
三、推广清洁高效的交通装备
(四)推进新能源和清洁能源应用。
推动液化天然气(LNG)动力船舶、电动船舶建造和改造,重点区域沿海港口新增、更换拖轮优先使用清洁能源。支持长江干线、京杭运河和西江干线等高等级航道加气、充(换)电设施的规划与建设。推广应用新能源和清洁能源汽车,加大新能源和清洁能源车辆在城市公交、出租汽车、城市配送、邮政快递、机场、铁路货场、重点区域港口等领域应用。配合有关部门开展高速公路服务区、机场场内充电设施建设。到2020年底前,城市公交、出租车及城市配送等领域新能源车保有量达到60万辆,重点区域的直辖市、省会城市、计划单列市建成区公交车全部更换为新能源汽车</td></tr>
</table>

续上表

四、推进交通运输创新发展

(七)推进交通智能化发展。

充分利用物联网、云计算、大数据等新一代信息技术,推动交通与相关产业融合发展,培育物流新动能。加快设施网、运输网、传感网、通信网、能源网的融合,推动陆上、水上、天上、网上四位一体的基础设施数字化融合发展,促进互联互通和多级联动共享。深化国家交通运输物流公共信息平台建设,加强多部门物流相关信息交换共享。推动智能航运发展。推动智慧港口、智慧物流园区、智慧客运枢纽等建设,实现港站枢纽多种运输方式顺畅衔接和协调运行

《生态环境部　发展改革委　工业和信息化部等关于印发〈减污降碳协同增效实施方案〉的通知》
(环综合〔2022〕42号)

为深入贯彻落实党中央、国务院关于碳达峰碳中和决策部署,落实新发展阶段生态文明建设有关要求,协同推进减污降碳,实现一体谋划、一体部署、一体推进、一体考核,制定本实施方案

五、优化环境治理

(十三)推进大气污染防治协同控制。优化治理技术路线,加大氮氧化物、挥发性有机物(VOCs)以及温室气体协同减排力度。一体推进重点行业大气污染深度治理与节能降碳行动,推动钢铁、水泥、焦化行业及锅炉超低排放改造,探索开展大气污染物与温室气体排放协同控制改造提升工程试点。VOCs等大气污染物治理优先采用源头替代措施。推进大气污染治理设备节能降耗,提高设备自动化智能化运行水平。加强消耗臭氧层物质和氢氟碳化物管理,加快使用含氢氯氟烃生产线改造,逐步淘汰氢氯氟烃使用。推进移动源大气污染物排放和碳排放协同治理

上海市交通委员会《关于印发〈上海市码头堆场扬尘污染防治技术指南〉的通知》
(沪交科〔2024〕201号)

为加强上海市码头堆场扬尘污染防治工作,切实保护和改善大气环境质量,上海市交通运输委结合上海市码头堆场实际,制定了《上海市码头堆场扬尘污染防治技术指南》

三、码头堆场管理制度要求

码头堆场经营企业应设置专门的环保管理部门或管理人员,并建立扬尘污染防治工作台账。应对扬尘污染防治设备进行定期维护保养,发生故障时及时修复,并将相关情况记录在案;应对码头装卸点喷淋(喷雾)、散货堆场喷淋(喷雾)、车辆出口冲洗等作业情况进行记录。

四、应急响应要求

在线监测指标超过限定值时,应及时采取有效控制措施,降低现场扬尘污染,必要时停止装卸作业。

五、码头堆场抑尘设施及使用要求

(一)地面硬化和清洁要求

码头堆场经营企业应在区域内道路路面和码头、堆场的地面铺设不起尘的,能够满足码头运营载荷要求的硬质地面。发现地面破损时,应采取临时补救措施,并及时完成修复。出入口和码头堆场内的硬底化道路应定期冲洗或清扫,并参照以下要求执行:

1.出入口硬底化道路实施动态冲洗或清扫,确保路面干净整洁不起尘。

2.码头堆场内硬底化道路冲洗或清扫频次不低于2次/d。

3.码头完成装卸作业后,应及时清扫或冲洗散落的物料

续上表

(二)车辆清洗场地设置要求

有车辆进出的码头堆场经营企业应设置车辆清洗的专用场地,配备运输车辆冲洗保洁设施,并对驶出车辆进行清洗。车辆进出频次较高、扬尘污染较重的企业宜设置车辆自动清洗场地。不具备自动冲洗系统条件的出口,应增设配备高压水枪的人工冲洗场地及设施。

车辆自动清洗场地须设置在场区出口处,便于车辆通行。洗车设备可采用通道式连续洗车作业模式。洗车场地喷头冲洗范围须覆盖车体两侧高1.5m以下部位及整车底盘。应配套污水回收再利用装置,防止洗车污水外溢。

(三)卸料设备抑尘要求

码头堆场经营企业在易产生扬尘污染物料的装卸作业过程中应主动降低装卸落差,减少扬尘产生。采用汽车装卸车作业的,宜配备移动式远程射雾器(移动式雾炮)对装卸点进行喷雾抑尘,控制装卸过程的扬尘污染。采用链斗式、斗轮式、螺旋式、抓斗式等卸船机或门座式起重机卸船的,应在导料口、落料口等部位设置喷淋(喷雾)抑尘装置或吸尘装置,鼓励在有安装条件的导料口、落料口设置挡风板以及防尘反射板,增加防尘效果。料口的喷淋(喷雾)或吸尘设施建设可参照以下要求执行:

1.在料口四周布置自动喷淋系统的,喷淋头间距不大于1m,喷淋头应布置为每侧边2排及以上,每排喷头不少于2个,喷淋头的射程不小于料斗边长的60%。喷淋系统应包括喷淋头、控制阀、水泵及其控制柜等设备。

2.在料口上方设置风送式喷雾除尘设备(固定式雾炮)的,喷雾设备应安装在距离料口不超过10m位置,同时搭建钢结构或满足强度要求的硬质、不易燃材料平台,喷雾设备安装高度不低于6m,喷雾设备在作业期间应采用连续或不间断的方式向料口喷射水雾,喷雾设备的水平额定射程应不低于15m。

3.装卸散装水泥等粉尘物料的,应在导料口、落料口等部位设置吸尘装置,负压收集产生的扬尘,并连接相应的除尘设备,除尘设备的效率不低于90%。需要根据物料的不同,考虑防爆设计。

4.现场产生的污水须进行废水处置,处置后的出水须满足码头堆场的喷淋水回用或排放标准。

(五)散货堆场喷淋(喷雾)要求

码头堆场经营企业应在散货堆场加装喷淋(喷雾)设施,包括管道、阀门、喷枪、水泵、控制柜等设施,喷淋过程产生污水的应同时设置污水回收池、污水处理装置,喷淋(喷雾)面积应覆盖散货堆场,喷枪(喷嘴)间距不超过额定射程的1.2倍。

采用湿法除尘抑尘时,装卸设备的物料转运处应设置喷嘴组。喷嘴组应采用雾化性能和节水性能好的水雾喷嘴或干雾喷嘴,喷嘴数量应能使产生的水雾有效抑制粉尘的扩散。

(六)散货堆场围挡要求

码头堆场经营企业应在露天堆放的易扬尘物料区域设置不低于堆放物高度的围挡或挡风网,鼓励有条件的企业在散货堆场安装天棚储库,天棚储库和挡风网可参照以下要求执行:

2.挡风网:挡风网高度应不低于扬尘堆场的堆垛高度的1.2倍,并且不低于网后堆场防护区长度的1/10。挡风网应由钢筋混凝土地基、钢结构支架和可透风的挡风网面组成,网面开孔率(开孔透风面积与总面积之比)宜为30%~40%。网面材料可使用金属材料或专用尼龙网、聚酯网、高密度聚乙烯网等高分子复合材料,不得使用不符合强度要求的材料作为网面材料。

(七)扬尘监测设备安装要求

码头堆场经营企业应按照市生态环境局、市交通委相关管理要求,结合《扬尘在线监测技术规范》(DB31/T 1433—2023),做好扬尘在线监测设备的选型、安装、验收工作,定期做好扬尘污染防治设备和扬尘在线监测设备的维护保养,并做好保养记录的台账。扬尘在线监测设备发生故障不能使用时,应及时修复并向辖区行业管理部门报告,监测数据应按照相关技术要求接入市级环保监控平台

续上表

《关于印发烟台市大气污染防治技术导则的通知》(烟环委〔2021〕2号)
为进一步加强烟台市港口大气污染防治工作,贯彻落实国家、山东省关于做好大气污染防治工作的决策部署,坚持绿色引领,切实履行港航污染防治主体责任,推进港口大气污染防治工作,提高港口码头扬尘污染管控水平,控制和减少污染,改善和保护环境,依据相关技术规范、结合烟台港口现状,制定《烟台市港口大气污染防治技术导则》
4　基本规定 4.3　港口企业应按泊位性质从事装卸船作业,防止抛撒和扬尘。鼓励港口使用先进生产工艺和清洁能源,确保在源头上减轻污染。 4.4　港区必须做到功能分区明确、布局合理并设置完善的标志、标牌。 4.5　堆场必须全部硬化;露天散货堆场内堆垛必须全部苫盖;新建散货堆场必须配备喷淋设备、排水系统,并设置防风抑尘网。 4.6　装卸作业起尘点必须配备除尘或降尘装置。 4.7　根据装卸货物类型,采取不同的除尘或降尘设施。封闭料口应达到环保、安全和消防要求。 4.8　进出港的重载散货运输车辆必须百分百覆盖严实。 4.9　散货港区必须设置洗车台,对出港货运车辆进行清洗。 4.10　港区疏港道路及港内道路必须全部硬化;应配备洒水车、清扫车或洒扫两用车。 4.12　港区内堆场、道路、码头前沿等之外的裸露地面必须绿化或硬化。 4.14　港区应配备扬尘监测系统,并与烟台市交通局或市生态环境局监控平台联网。 5　堆场扬尘污染防治 5.1　堆场和道路必须进行功能分区,堆场范围必须明确标示并设置隔离设施,堆场区域必须设置标志、标牌,道路必须设置标志、标线。堆场内货物严禁堆存于堆场以外区域,严禁占压道路、排水系统等设施。 5.2　堆场必须全部硬化,对于未全部硬化的,改造验收合格后方可运营。 5.4　露天散货堆场内除正在装卸的作业面外,堆垛必须全部苫盖并用重物压实,堆垛形式宜采用梯形堆垛,以保证堆垛规范整齐、美观、易苫盖。密目网颜色应优先采用绿色。 5.5　堆场作业区域提前报备,作业完成后当班完成苫盖、清扫除尘作业。 5.6　散货堆场应根据风洞试验或数模试验要求设置防风抑尘网;防风抑尘网的设计、制造和安装必须由具备相应资质的单位完成,以达到安全防护要求,并符合下列规定。 5.7　防风抑尘网高度应根据堆场货物性质、堆场规模、气象条件、堆垛高度等因素综合确定。一般情况,防风抑尘网高度宜取1.1~1.5倍的堆垛高度,且高于堆垛部分不应小于1m。 5.8　新建煤炭、矿石、矿粉、砂石料散货堆场必须设置喷淋设施,并符合下列规定。 5.9　喷枪喷洒范围必须覆盖堆场全部货垛。 5.10　喷枪喷洒频率应根据货物性质和气候条件确定,恶劣大风天气应停止作业。有条件的易起尘散货堆场,堆垛表面可布置湿度监测仪,根据监测数据及时洒水。 5.11　控制装卸作业落差,堆料作业应采取低空放料。 7　运输环节扬尘污染防治 7.2　所有散货运输车辆宜采用封闭车型,采用敞篷车型时,应对车厢进行严密苫盖,减少遗撒。 7.3　散货港区必须设置洗车台对出港车辆进行清洗。 7.4　洗车台处必须设置沉淀池,禁止未经处理直接排入城市下水道和海湾,不得造成水体和海域污染。 7.5　进出港车辆较多的港口,宜设置多处洗车台,避免造成车辆积压

续上表

8　道路扬尘污染防治

8.1　疏港道路和港区内道路必须全部硬化。

8.2　港区内道路严禁堆存货物。

8.3　港区应配备真空吸尘车、清扫车、洒水车或洗扫两用车。

8.4　港区主干道两侧宜布置绿化带，绿化树种应为适合当地土壤条件的常见树种，应满足吸尘和减弱风速的要求。在道路交叉口的视距三角形内，绿化高度不应超过0.75m。

8.5　港区疏港道路和港区内道路每天清扫或吸尘不应少于两次，洒水不应少于四次。恶劣大风天气时应加大清扫、洒水频率。遇冬季严寒天气，道路结冰，不适合洒水时，应加大清扫除尘次数。

8.6　禁止对有散落物料和有明显积尘的道路直接高压洒水冲洗

《省交通运输厅　省生态环境厅关于开展新一轮港口污染防治能力提升工作的通知》

（苏交港〔2023〕27号）

为深入贯彻习近平生态文明思想，全面落实全省生态环境保护大会部署，按照加快“美丽江苏”建设要求，决定开展新一轮港口污染防治能力提升工作，以港口环保设施标准化建设管理为抓手，推动港口环保工作再上新台阶

干散货码头环保设施配备基本要求：

1.堆场及道路硬化

(1)堆场及港区内车辆行驶道路采用连锁块（硫磺、化肥等可造成地下水污染的货种除外）、混凝土浇筑、沥青铺装等方式进行硬化，并保证场地无损坏。

2.防风抑尘设施

(1)堆场至少在三侧安装防风抑尘网，堆场上风向必须安装，防风抑尘林、抑尘墙等可作为抑尘网的替代措施；

(2)防风抑尘网高度最低取堆垛高度的1.1倍，且高出堆垛部分不应小于1m；

(3)防风抑尘网间距（庇护区长度）不得大于防风抑尘网高度的25倍；

(4)防风抑尘网宜选用金属材质，开孔率30%~40%，宜制作成折板型。

3.堆场其他抑尘措施

(1)露天堆场中周转频率低（一周以上）的堆垛应采用苫盖、抑尘剂、结壳剂等喷洒覆盖等辅助抑尘措施；

(2)采取苫盖时，苫盖应覆盖堆场表面；

(3)苫盖物应具备重物压实和固定物拴牢等固定措施，避免风力导致苫盖破损及料堆裸露；

(4)苫盖接口应紧密，接口处互相叠盖，不留空隙；

(5)苫盖物发生破损时应及时修补或更换，废弃的苫盖物应妥善收集与处置；

(6)已按照要求建设防风抑尘网，且喷淋设施空间区域全覆盖和粉尘在线监测数据稳定达标的堆场，可不苫盖。

4.洒水喷淋

(1)综合考虑已采取的防风抑尘措施（防风抑尘网、苫盖等）、堆场面积、货种、堆垛高度及当地的气象条件等因素设置喷淋系统，喷淋系统建议采用固定式；

(2)固定喷淋设施可结合堆场防风抑尘网、高杆照明灯、皮带机系统等安装喷淋设施；喷枪（喷嘴）间距不超过额定射程的1.2倍；喷枪射流轨迹覆盖整个堆垛表面，喷洒均匀；喷枪喷洒频率和强度根据货物性质和气候条件确定；

(3)装卸水泥、化肥、粮食等不宜湿法作业的，应在起尘部位设置机械除尘装置；

(4)散货卸船时，均应配备水雾喷淋、干雾喷淋、远程射雾器（雾炮）、除尘器等除尘抑尘设施，并在作业时段内全程开启，且喷雾能有效覆盖整个接料斗上口；

(5)散货装船，禁止车辆直接自卸至船舶；

(6)作业期间，码头前沿至堆场之间的通道应每天冲洗至少一次（雨雪天除外）；

(7)堆场装卸、打堆等作业活动宜开启雾炮防止作业扬尘（雨雪天除外）

续上表

5.车辆冲洗平台 (1)至少在厂区出口设置1套车辆冲洗平台； (2)冲洗平台应设置沉淀池，确保冲洗废水经沉淀处理后回用，不得外排。 6.粉尘在线监测设备 (1)装卸易起尘货种码头应设置粉尘在线监测设备； (2)监测点数量根据码头堆场面积而定，监测点位应设置在粉尘无组织排放源下风向，同时在排放源上风向设参照点； (3)监测点位设置应符合“1+*n*”原则，其中“1”为厂界监测点，“*n*”为港区内监测点。厂界监测点的设置应满足环保部门关于环境空气质量监测的需求，符合 GB 3095、HJ 655 的相关要求；港区内监测点应设置于码头厂界范围内，且可直接监控码头堆场主要生产活动的区域

第3章 通用散货码头粉尘污染管控细则

3.1 作业工艺

我国沿海和内河港口的发展取得了历史性成就，总体规模居世界前列，枢纽功能和服务能力不断提升，为经济社会发展提供了坚实有力的服务保障。但同时也存在部分码头老旧设施设备需更新改造、港口智慧绿色水平需要提升等问题。党的二十大报告强调要加快建设交通强国、海洋强国，提升产业链供应链韧性和安全水平，实施全面节约战略，推进各类资源节约集约利用。加快码头改建扩建，可更充分发挥已有资源潜力，实现码头靠泊等级、作业效率和安全环保水平的有效提升。

对于通用散货码头企业来说，如何改变传统粗放型发展方式及作业工艺，形成“源头预防、过程管控和末端治理”的闭环管理模式，成为立足新发展阶段、贯彻新发展理念、构建新发展格局的必然选择。本指南根据《交通运输部　国家发展改革委　自然资源部　生态环境部　水利部关于加快沿海和内河港口码头改建扩建工作的通知》（交水发〔2023〕18号）中对于码头改建扩建工作范围的要求，梳理出通用散货码头企业粉尘污染管控相关的工艺要求细则，具体包括以下几点：

（1）可通过改造装卸工艺设备和相应基础设施，实现通用散货码头等非专业化码头向专业化散货码头的转变。

（2）更新改造集疏运系统设施设备，更新改造堆场、中转仓储等配套设施，提高粮食等大宗商品中转接卸、集疏运能力。

（3）提升绿色工艺技术水平，加快封闭半封闭抑尘等设施建设或改造。

（4）不改变现有码头等级和货类，对码头开展自动化、智能化改造，包括传统码头升级改造为自动化码头等。

3.2 污染防治技术

截至目前，我国发布的针对散货码头粉尘污染防治的技术规范主要包括《水运工程环境保护设计规范》（JTS 149—2018）、《煤炭矿石码头粉尘控制设计规范》（JTS/T 156—2024）、《排污许可证申请与核发技术规范　码头》（HJ 1107—2020）。其中，《煤炭矿石码头粉尘控制设计规范》(JTS/T 156—2024)适用于新建、改建和扩建的专业化煤炭、矿石码头工程的粉尘控制设计。因此本指南主要梳理了《水运工程环境保护设计规范》(JTS 149—2018)和《排污许可证申请与核发技术规范　码头》(HJ 1107—2020)中的相关条款,作为指导通用散货码头粉尘污染管控的技术要求。

3.2.1　装船作业

针对通用散货码头装船作业环节,《水运工程环境保护设计规范》(JTS 149—2018)和《排污许可证申请与核发技术规范　码头》(HJ 1107—2020)中均提出了相关管控细则,本指南将相关条款细分为总体要求、设备要求和特殊货种要求,具体内容详见表3.2-1。

装船作业管控细则　　　　表3.2-1

序号	类别		具体内容	条款来源
1	总体要求		煤炭、矿石、散粮、散化肥、水泥、沙石料等散装货物在输送、装卸和堆存作业时产生的粉尘,应根据气象条件、粉尘性质及作业条件进行防尘和除尘,控制方式的选择应通过技术经济分析确定	《水运工程环境保护设计规范》(JTS 149—2018)5.1.1
2			除尘抑尘设施应与生产设备同时使用,并应不影响生产设备的运行和维护	《水运工程环境保护设计规范》(JTS 149—2018)5.1.4
3			污染防治设施应与其对应的生产工艺设备同步运转	《排污许可证申请与核发技术规范 码头》(HJ 1107—2020)6.4.1 a)
4			码头面、装卸车区在装卸作业完毕时应及时清理	《排污许可证申请与核发技术规范 码头》(HJ 1107—2020)6.4.1 h)
5			船舶装卸作业的允许风力不宜超过6级;重污染天气、冬防期间及大风天气等特殊时段,地方对码头颗粒物无组织排放管控有特殊要求的,从其规定	《排污许可证申请与核发技术规范 码头》(HJ 1107—2020)6.4.1 j)
6	设备要求	除尘	易起尘的干散货码头,装卸、输送和堆存机械设备应采用技术先进、密闭性能好、运行费用低的除尘抑尘方式。爆炸性粉尘环境的除尘器应配备泄爆装置,除尘器的滤料应防静电,风机应防爆,风管及部件应采用非燃烧性材料。干法除尘时,除尘器收集的粉尘应进行处理	《水运工程环境保护设计规范》(JTS 149—2018)5.2.1
7			粉尘控制设施应有避免受物料冲击的保护措施。粉尘控制设施的布置应便于检查维护和设备材料的更换	《水运工程环境保护设计规范》(JTS 149—2018)5.2.19

续上表

<table>
<tr><th>序号</th><th colspan="2">类别</th><th>具体内容</th><th>条款来源</th></tr>
<tr><td>8</td><td rowspan="7">设备要求</td><td rowspan="5">除尘</td><td>加强除尘设备巡检，消除设备隐患，保证正常运行。布袋除尘器应安装压差计，及时更换除尘器滤袋，保证滤袋完整无破损。静电除尘器应定期检修维护电晕极、振打清灰装置。湿式除尘器应定期检查喷淋头、循环水泵等设施</td><td>《排污许可证申请与核发技术规范　码头》(HJ 1107—2020)6.4.1 b)</td></tr>
<tr><td>9</td><td>有防冻要求的地区，湿法除尘抑尘系统宜采用电伴热等保温防冻措施。喷枪、管道等在冬季应采取放空措施</td><td>《水运工程环境保护设计规范》(JTS 149—2018)5.2.12</td></tr>
<tr><td>10</td><td>煤炭、矿石码头除尘抑尘用水可采用再生水、处理后的江河地表水。采用再生水和江河地表水作为水源的管道系统应独立设置，且不得与生活饮用水给水管道系统连通</td><td>《水运工程环境保护设计规范》(JTS 149—2018)5.2.10</td></tr>
<tr><td>11</td><td>除尘抑尘系统宜与装卸工艺系统连锁运行自动控制</td><td>《水运工程环境保护设计规范》(JTS 149—2018)5.2.18</td></tr>
<tr><td>12</td><td>污染防治设施发生故障时，应及时上报、维修，并做好故障记录，写明发生故障事件、故障原因和重新正常使用时间</td><td>《排污许可证申请与核发技术规范　码头》(HJ 1107—2020)6.4.1 k)</td></tr>
<tr><td>13</td><td rowspan="2">清扫</td><td>煤炭、矿石码头应配置流动清扫、洒水车辆和必要的车辆冲洗设备。配置数量应根据码头、堆场的规模和作业条件确定</td><td>《水运工程环境保护设计规范》(JTS 149—2018)5.2.13</td></tr>
<tr><td>14</td><td>煤炭、矿石码头码头面应设置水力冲洗设施或真空清扫设施</td><td>《水运工程环境保护设计规范》(JTS 149—2018)5.2.14</td></tr>
<tr><td>15</td><td colspan="2" rowspan="3">特殊货种要求</td><td>散装粮食码头应采用封闭或半封闭的装卸和输送设备。起尘部位应设有吸尘口，并应配置干式除尘装置</td><td>《水运工程环境保护设计规范》(JTS 149—2018)5.2.15</td></tr>
<tr><td>16</td><td>散装粮食、水泥等无法采取洒水喷淋的货种应采用封闭式或者半封闭式的装卸和输送设备，起尘部位应配置干式除尘装置</td><td>《排污许可证申请与核发技术规范　码头》(HJ 1107—2020)6.4.1f)</td></tr>
<tr><td>17</td><td>装卸散装化肥和水泥的码头应在起尘部位设置机械除尘系统</td><td>《水运工程环境保护设计规范》(JTS 149—2018)5.2.16</td></tr>
</table>

3.2.2 卸船作业

通用散货码头卸船作业环节的粉尘污染管控要求与装船作业环节基本相同，区别主要在于针对门座式起重机卸船提出了进一步防尘要求，具体内容详见表3.2-2。

卸船作业管控细则　　表3.2-2

序号	类别		具体内容	条款来源
1	总体要求		煤炭、矿石、散粮、散化肥、水泥、沙石料等散装货物在输送、装卸和堆存作业时产生的粉尘，应根据气象条件、粉尘性质及作业条件进行防尘和除尘，控制方式的选择应通过技术经济分析确定	《水运工程环境保护设计规范》(JTS 149—2018)5.1.1
2			除尘抑尘设施应与生产设备同时使用，并应不影响生产设备的运行和维护	《水运工程环境保护设计规范》(JTS 149—2018)5.1.4
3			污染防治设施应与其对应的生产工艺设备同步运转	《排污许可证申请与核发技术规范　码头》(HJ 1107—2020)6.4.1 a)
4			码头面、装卸车区在装卸作业完毕时应及时清理	《排污许可证申请与核发技术规范　码头》(HJ 1107—2020)6.4.1 h)
5			船舶装卸作业的允许风力不宜超过6级；重污染天气、冬防期间及大风天气等特殊时段，地方对码头颗粒物无组织排放管控有特殊要求的，从其规定	《排污许可证申请与核发技术规范　码头》(HJ 1107—2020)6.4.1 j)
6	设备要求	除尘	易起尘的干散货码头，装卸、输送和堆存机械设备应采用技术先进、密闭性能好、运行费用低的除尘抑尘方式。爆炸性粉尘环境的除尘器应配备泄爆装置，除尘器的滤料应防静电，风机应防爆，风管及部件应采用非燃烧性材料。干法除尘时，除尘器收集的粉尘应进行处理	《水运工程环境保护设计规范》(JTS 149—2018)5.2.1
7			粉尘控制设施应有避免受物料冲击的保护措施。粉尘控制设施的布置应便于检查维护和设备材料的更换	《水运工程环境保护设计规范》(JTS 149—2018)5.2.19
8			加强除尘设备巡检，消除设备隐患，保证正常运行。布袋除尘器应安装压差计，及时更换除尘器滤袋，保证滤袋完整无破损。静电除尘器应定期检修维护电晕极、振打清灰装置。湿式除尘器应定期检查喷淋头、循环水泵等设施	《排污许可证申请与核发技术规范　码头》(HJ 1107—2020)6.4.1 b)
9			门座式起重机应在卸船作业落料处设置防尘反射板及喷嘴组	《水运工程环境保护设计规范》(JTS 149—2018)5.2.2.3
10			有防冻要求的地区，湿法除尘抑尘系统宜采用电伴热等保温防冻措施。喷枪、管道等在冬季应采取放空措施	《水运工程环境保护设计规范》(JTS 149—2018)5.2.12

续上表

序号	类别		具体内容	条款来源
11	设备要求	除尘	煤炭、矿石码头除尘抑尘用水可采用再生水、处理后的江河地表水。采用再生水和江河地表水作为水源的管道系统应独立设置，且不得与生活饮用水给水管道系统连通	《水运工程环境保护设计规范》(JTS 149—2018)5.2.10
12			除尘抑尘系统宜与装卸工艺系统连锁运行自动控制	《水运工程环境保护设计规范》(JTS 149—2018)5.2.18
13			污染防治设施发生故障时，应及时上报、维修，并做好故障记录，写明发生故障事件、故障原因和重新正常使用时间	《排污许可证申请与核发技术规范　码头》(HJ 1107—2020)6.4.1 k)
14		清扫	煤炭、矿石码头应配置流动清扫、洒水车辆和必要的车辆冲洗设备。配置数量应根据码头、堆场的规模和作业条件确定	《水运工程环境保护设计规范》(JTS 149—2018)5.2.13
15			煤炭、矿石码头码头面应设置水力冲洗设施或真空清扫设施	《水运工程环境保护设计规范》(JTS 149—2018)5.2.14
16	特殊货种要求		散装粮食码头应采用封闭或半封闭的装卸和输送设备。起尘部位应设有吸尘口，并应配置干式除尘装置	《水运工程环境保护设计规范》(JTS 149—2018)5.2.15
17			散装粮食、水泥等无法采取洒水喷淋的货种应采用封闭式或者半封闭式的装卸和输送设备，起尘部位应配置干式除尘装置	《排污许可证申请与核发技术规范　码头》(HJ 1107—2020)6.4.1f)
18			装卸散装化肥和水泥的码头应在起尘部位设置机械除尘系统	《水运工程环境保护设计规范》(JTS 149—2018)5.2.16

3.2.3　装车作业

对于通用散货码头装车作业环节，《水运工程环境保护设计规范》(JTS 149—2018)和《排污许可证申请与核发技术规范　码头》(HJ 1107—2020)中规定了装卸环节的基本要求，并另对场区内集疏运车辆装卸作业及其他装卸点提出了抑尘措施配备要求，具体内容详见表3.2-3。

装车作业管控细则　　表3.2-3

序号	类别	具体内容	条款来源
1	总体要求	煤炭、矿石、散粮、散化肥、水泥、沙石料等散装货物在输送、装卸和堆存作业时产生的粉尘，应根据气象条件、粉尘性质及作业条件进行防尘和除尘，控制方式的选择应通过技术经济分析确定	《水运工程环境保护设计规范》(JTS 149—2018)5.1.1
2		除尘抑尘设施应与生产设备同时使用，并应不影响生产设备的运行和维护	《水运工程环境保护设计规范》(JTS 149—2018)5.1.4

续上表

序号	类别		具体内容	条款来源
3	总体要求		污染防治设施应与其对应的生产工艺设备同步运转	《排污许可证申请与核发技术规范 码头》(HJ 1107—2020)6.4.1 a)
4			码头面、装卸车区在装卸作业完毕时应及时清理	《排污许可证申请与核发技术规范 码头》(HJ 1107—2020)6.4.1 h)
5			船舶装卸作业的允许风力不宜超过6级;重污染天气、冬防期间及大风天气等特殊时段,地方对码头颗粒物无组织排放管控有特殊要求的,从其规定	《排污许可证申请与核发技术规范 码头》(HJ 1107—2020)6.4.1 j)
6	设备要求	除尘	易起尘的干散货码头,装卸、输送和堆存机械设备应采用技术先进、密闭性能好、运行费用低的除尘抑尘方式。爆炸性粉尘环境的除尘器应配备泄爆装置,除尘器的滤料应防静电,风机应防爆,风管及部件应采用非燃烧性材料。干法除尘时,除尘器收集的粉尘应进行处理	《水运工程环境保护设计规范》(JTS 149—2018)5.2.1
7			粉尘控制设施应有避免受物料冲击的保护措施。粉尘控制设施的布置应便于检查维护和设备材料的更换	《水运工程环境保护设计规范》(JTS 149—2018)5.2.19
8			加强除尘设备巡检,消除设备隐患,保证正常运行。布袋除尘器应安装压差计,及时更换除尘器滤袋,保证滤袋完整无破损。静电除尘器应定期检修维护电晕极、振打清灰装置。湿式除尘器应定期检查喷淋头、循环水泵等设施	《排污许可证申请与核发技术规范 码头》(HJ 1107—2020)6.4.1 b)
9			有防冻要求的地区,湿法除尘抑尘系统宜采用电伴热等保温防冻措施。喷枪、管道等在冬季应采取放空措施	《水运工程环境保护设计规范》(JTS 149—2018)5.2.12
10			场区内集疏运车辆装卸作业及其他装卸点宜配备移动式远程射雾器,对装卸点进行喷雾抑尘或同步开启场内洒水喷淋系统进行洒水抑尘	《排污许可证申请与核发技术规范 码头》(HJ 1107—2020)6.4.1e)
11			煤炭、矿石码头除尘抑尘用水可采用再生水、处理后的江河地表水。采用再生水和江河地表水作为水源的管道系统应独立设置,且不得与生活饮用水给水管道系统连通	《水运工程环境保护设计规范》(JTS 149—2018)5.2.10
12			除尘抑尘系统宜与装卸工艺系统连锁运行自动控制	《水运工程环境保护设计规范》(JTS 149—2018)5.2.18
13			污染防治设施发生故障时,应及时上报、维修,并做好故障记录,写明发生故障事件、故障原因和重新正常使用时间	《排污许可证申请与核发技术规范 码头》(HJ 1107—2020)6.4.1 k)

续上表

序号	类别		具体内容	条款来源
14	设备要求	清扫	煤炭、矿石码头应配置流动清扫、洒水车辆和必要的车辆冲洗设备。配置数量应根据码头、堆场的规模和作业条件确定	《水运工程环境保护设计规范》(JTS 149—2018)5.2.13
15			煤炭、矿石码头码头面应设置水力冲洗设施或真空清扫设施	《水运工程环境保护设计规范》(JTS 149—2018)5.2.14
16	特殊货种要求		散装粮食码头应采用封闭或半封闭的装卸和输送设备。起尘部位应设有吸尘口,并应配置干式除尘装置	《水运工程环境保护设计规范》(JTS 149—2018)5.2.15
17			散装粮食、水泥等无法采取洒水喷淋的货种应采用封闭式或者半封闭式的装卸和输送设备,起尘部位应配置干式除尘装置	《排污许可证申请与核发技术规范　码头》(HJ 1107—2020)6.4.1f)
18			装卸散装化肥和水泥的码头应在起尘部位设置机械除尘系统	《水运工程环境保护设计规范》(JTS 149—2018)5.2.16

3.2.4 卸车作业

通用散货码头卸车作业环节的粉尘污染管控要求与装车作业环节基本相同,区别主要在于针对火车卸车设备的接料漏斗抑尘方式提出了更明确的要求,具体内容详见表3.2-4。

卸车作业管控细则　　表3.2-4

序号	类别	具体内容	条款来源
1	总体要求	煤炭、矿石、散粮、散化肥、水泥、沙石料等散装货物在输送、装卸和堆存作业时产生的粉尘,应根据气象条件、粉尘性质及作业条件进行防尘和除尘,控制方式的选择应通过技术经济分析确定	《水运工程环境保护设计规范》(JTS 149—2018)5.1.1
2		除尘抑尘设施应与生产设备同时使用,并应不影响生产设备的运行和维护	《水运工程环境保护设计规范》(JTS 149—2018)5.1.4
3		污染防治设施应与其对应的生产工艺设备同步运转	《排污许可证申请与核发技术规范　码头》(HJ 1107—2020)6.4.1 a)
4		码头面、装卸车区在装卸作业完毕时应及时清理	《排污许可证申请与核发技术规范　码头》(HJ 1107—2020)6.4.1 h)
5		船舶装卸作业的允许风力不宜超过6级;重污染天气、冬防期间及大风天气等特殊时段,地方对码头颗粒物无组织排放管控有特殊要求的,从其规定	《排污许可证申请与核发技术规范　码头》(HJ 1107—2020)6.4.1 j)

续上表

序号	类别		具体内容	条款来源
6	设备要求	除尘	易起尘的干散货码头，装卸、输送和堆存机械设备应采用技术先进、密闭性能好、运行费用低的除尘抑尘方式。爆炸性粉尘环境的除尘器应配备泄爆装置，除尘器的滤料应防静电，风机应防爆，风管及部件应采用非燃烧性材料。干法除尘时，除尘器收集的粉尘应进行处理	《水运工程环境保护设计规范》(JTS 149—2018)5.2.1
7			粉尘控制设施应有避免受物料冲击的保护措施。粉尘控制设施的布置应便于检查维护和设备材料的更换	《水运工程环境保护设计规范》(JTS 149—2018)5.2.19
8			加强除尘设备巡检，消除设备隐患，保证正常运行。布袋除尘器应安装压差计，及时更换除尘器滤袋，保证滤袋完整无破损。静电除尘器应定期检修维护电晕极、振打清灰装置。湿式除尘器应定期检查喷淋头、循环水泵等设施	《排污许可证申请与核发技术规范　码头》(HJ 1107—2020)6.4.1 b)
9			火车卸车设备的接料漏斗四周宜采用干雾抑尘方式，设置相应的抑尘设施	《水运工程环境保护设计规范》(JTS 149—2018)5.2.3.3
10			场区内集疏运车辆装卸作业及其他装卸点宜配备移动式远程射雾器，对装卸点进行喷雾抑尘或同步开启场内洒水喷淋系统进行洒水抑尘	《排污许可证申请与核发技术规范　码头》(HJ 1107—2020)6.4.1e)
11			有防冻要求的地区，湿法除尘抑尘系统宜采用电伴热等保温防冻措施。喷枪、管道等在冬季应采取放空措施	《水运工程环境保护设计规范》(JTS 149—2018)5.2.12
12			煤炭、矿石码头除尘抑尘用水可采用再生水、处理后的江河地表水。采用再生水和江河地表水作为水源的管道系统应独立设置，且不得与生活饮用水给水管道系统连通	《水运工程环境保护设计规范》(JTS 149—2018)5.2.10
13			除尘抑尘系统宜与装卸工艺系统连锁运行自动控制	《水运工程环境保护设计规范》(JTS 149—2018)5.2.18
14			污染防治设施发生故障时，应及时上报、维修，并做好故障记录，写明发生故障事件、故障原因和重新正常使用时间	《排污许可证申请与核发技术规范　码头》(HJ 1107—2020)6.4.1k)
15		清扫	煤炭、矿石码头应配置流动清扫、洒水车辆和必要的车辆冲洗设备。配置数量应根据码头、堆场的规模和作业条件确定	《水运工程环境保护设计规范》(JTS 149—2018)5.2.13

续上表

序号	类别		具体内容	条款来源
16	设备要求	清扫	煤炭、矿石码头码头面应设置水力冲洗设施或真空清扫设施	《水运工程环境保护设计规范》(JTS 149—2018)5.2.14
17	特殊货种要求		散装粮食码头应采用封闭或半封闭的装卸和输送设备。起尘部位应设有吸尘口,并应配置干式除尘装置	《水运工程环境保护设计规范》(JTS 149—2018)5.2.15
18			散装粮食、水泥等无法采取洒水喷淋的货种应采用封闭式或者半封闭式的装卸和输送设备,起尘部位应配置干式除尘装置	《排污许可证申请与核发技术规范　码头》(HJ 1107—2020)6.4.1f)
19			装卸散装化肥和水泥的码头应在起尘部位设置机械除尘系统	《水运工程环境保护设计规范》(JTS 149—2018)5.2.16

3.2.5　水平运输

针对通用散货码头水平运输环节,主要从总体要求、道路硬化、设备要求及特殊货种要求等方面提出了管控要求,具体内容详见表3.2-5。

水平运输环节管控细则　　表3.2-5

序号	类别	具体内容	条款来源
1	总体要求	煤炭、矿石、散粮、散化肥、水泥、沙石料等散装货物在输送、装卸和堆存作业时产生的粉尘,应根据气象条件、粉尘性质及作业条件进行防尘和除尘,控制方式的选择应通过技术经济分析确定	《水运工程环境保护设计规范》(JTS 149—2018)5.1.1
2		除尘抑尘设施应与生产设备同时使用,并应不影响生产设备的运行和维护	《水运工程环境保护设计规范》(JTS 149—2018)5.1.4
3		污染防治设施应与其对应的生产工艺设备同步运转	《排污许可证申请与核发技术规范　码头》(HJ 1107—2020)6.4.1a)
4	道路硬化	煤炭、矿石码头后方主干道及辅助道路应进行铺装、硬化处理,道路面层宜采用易于清理的结构。在易起尘路段两侧可根据条件设置固定式洒水装置。港区主干道路两侧宜布置绿化带	《水运工程环境保护设计规范》(JTS 149—2018)5.2.9

续上表

序号	类别		具体内容	条款来源
5	设备要求	除尘	易起尘的干散货码头，装卸、输送和堆存机械设备应采用技术先进、密闭性能好、运行费用低的除尘抑尘方式。爆炸性粉尘环境的除尘器应配备泄爆装置，除尘器的滤料应防静电，风机应防爆，风管及部件应采用非燃烧性材料。干法除尘时，除尘器收集的粉尘应进行处理	《水运工程环境保护设计规范》(JTS 149—2018)5.2.1
6			煤炭、矿石码头车辆集疏运采用的除尘抑尘方式应符合下列规定： (1)集疏运车辆装卸作业宜配备移动式远程射雾器对装卸点进行喷雾抑尘，同时作业的装卸点均应布置射雾器	《水运工程环境保护设计规范》(JTS 149—2018)5.2.8
7			污染防治设施发生故障时，应及时上报、维修，并做好故障记录，写明发生故障事件、故障原因和重新正常使用时间	《排污许可证申请与核发技术规范 码头》(HJ 1107—2020)6.4.1 k)
8		车辆密闭及冲洗	煤炭、矿石码头车辆集疏运采用的除尘抑尘方式应符合下列规定： (2)集疏运车辆的车厢宜密闭。车辆驶离作业场所前应进行冲洗，冲洗点宜设置自动冲洗设施。冲洗设施尺度和数量应能适应集疏运车辆车型和车流量。(3)集疏运车辆冲洗设施的冲洗供水强度宜为15~20m³/h，每辆车的冲洗时间宜为10~15s	《水运工程环境保护设计规范》(JTS 149—2018)5.2.8
9			散货集疏运车辆应采用封闭车型，采用敞车时，应对车厢进行有效覆盖；车辆驶出作业区前应在冲洗点对车轮进行冲洗，北方冬季做好洗车用水管网的防冻措施，确保洗车正常进行	《排污许可证申请与核发技术规范 码头》(HJ 1107—2020)6.4.1i)
10		清扫	煤炭、矿石码头在易起尘路段两侧可根据条件设置固定式洒水装置	《水运工程环境保护设计规范》(JTS 149—2018)5.2.9
11			煤炭、矿石码头应配置流动清扫、洒水车辆和必要的车辆冲洗设备。配置数量应根据码头、堆场的规模和作业条件确定	《水运工程环境保护设计规范》(JTS 149—2018)5.2.13

续上表

序号	类别		具体内容	条款来源
12	设备要求	清扫	场区内道路应进行定期清扫和冲洗，确保不产生明显扬尘；北方冬季严寒，道路不宜洒水时，可增加清扫频次	《排污许可证申请与核发技术规范　码头》(HJ 1107—2020) 6.4.1 h)
13	特殊货种要求		散装粮食码头应采用封闭或半封闭的装卸和输送设备。起尘部位应设有吸尘口，并应配置干式除尘装置	《水运工程环境保护设计规范》(JTS 149—2018)5.2.15
14			散装粮食、水泥等无法采取洒水喷淋的货种应采用封闭式或者半封闭式的装卸和输送设备，起尘部位应配置干式除尘装置	《排污许可证申请与核发技术规范　码头》(HJ 1107—2020) 6.4.1f)

3.2.6　堆取料作业

针对通用散货码头堆取料作业，《水运工程环境保护设计规范》(JTS 149—2018)和《排污许可证申请与核发技术规范　码头》(HJ 1107—2020)主要从堆场抑尘设施设备配备及运行管理等方面提出了要求，具体内容详见表3.2-6。

堆取料作业管控细则　　表3.2-6

序号	类别	具体内容	条款来源
1	总体要求	煤炭、矿石、散粮、散化肥、水泥、沙石料等散装货物在输送、装卸和堆存作业时产生的粉尘，应根据气象条件、粉尘性质及作业条件进行防尘和除尘，控制方式的选择应通过技术经济分析确定	《水运工程环境保护设计规范》(JTS 149—2018)5.1.1
2		除尘抑尘设施应与生产设备同时使用，并应不影响生产设备的运行和维护	《水运工程环境保护设计规范》(JTS 149—2018)5.1.4
3		污染防治设施应与其对应的生产工艺设备同步运转	《排污许可证申请与核发技术规范　码头》(HJ 1107—2020) 6.4.1 a)
4		船舶装卸作业的允许风力不宜超过6级；重污染天气、冬防期间及大风天气等特殊时段，地方对码头颗粒物无组织排放管控有特殊要求的，从其规定	《排污许可证申请与核发技术规范　码头》(HJ 1107—2020) 6.4.1 j)

续上表

序号	类别		具体内容	条款来源
5	设备要求	除尘	易起尘的干散货码头，装卸、输送和堆存机械设备应采用技术先进、密闭性能好、运行费用低的除尘抑尘方式。爆炸性粉尘环境的除尘器应配备泄爆装置，除尘器的滤料应防静电，风机应防爆，风管及部件应采用非燃烧性材料。干法除尘时，除尘器收集的粉尘应进行处理	《水运工程环境保护设计规范》(JTS 149—2018)5.2.1
6			粉尘控制设施应有避免受物料冲击的保护措施。粉尘控制设施的布置应便于检查维护和设备材料的更换	《水运工程环境保护设计规范》(JTS 149—2018)5.2.19
7			加强除尘设备巡检，消除设备隐患，保证正常运行。布袋除尘器应安装压差计，及时更换除尘器滤袋，保证滤袋完整无破损。静电除尘器应定期检修维护电晕极、振打清灰装置。湿式除尘器应定期检查喷淋头、循环水泵等设施	《排污许可证申请与核发技术规范　码头》(HJ 1107—2020) 6.4.1 b)
8			污染防治设施发生故障时，应及时上报、维修，并做好故障记录，写明发生故障事件、故障原因和重新正常使用时间	《排污许可证申请与核发技术规范　码头》(HJ 1107—2020) 6.4.1 k)
9			煤炭、矿石码头露天堆场应根据防尘需要设置围墙、防风抑尘网或防护林。受环境容量限制时，堆场可采取满足防爆、防火、卫生等要求的半封闭或封闭堆存方式	《水运工程环境保护设计规范》(JTS 149—2018)5.2.7.1
10		防风抑尘网	露天堆场设置防风抑尘网时，防风抑尘网的高度、平面布置、开孔率等应根据堆场规模、装卸工艺流程、场地和气象条件及环境敏感区等确定，必要时应通过数学模型或物理模型试验确定。防风抑尘网高度宜取1.1~1.5倍的堆高度，且高出堆垛部分不应小于1m。防风抑尘网下风向有效防护距离宜根据网高和周边场地条件等因素合理选取。防风抑尘网可选用刚性网或柔性网，开孔率宜取30%~40%	《水运工程环境保护设计规范》(JTS 149—2018)5.2.7.5
11		绿化带	煤炭、矿石等干散货码头堆场周边绿化带宽度宜取5~20m。以防护林为主要抑尘防护措施的堆场，防护林宽度不宜小于20m。树种宜以满足吸尘和减弱风速的乔木为主，并根据工程所在地区气候、土壤条件确定	《水运工程环境保护设计规范》(JTS 149—2018)8.3.2

续上表

序号	类别		具体内容	条款来源
12	设备要求	喷淋	堆取料设备设置的喷嘴组射程应能有效覆盖起尘范围	《水运工程环境保护设计规范》(JTS 149—2018)5.2.4.4
13			露天堆场应配置固定式喷枪洒水抑尘系统。系统的设计应满足下列要求： 喷枪的布置和数量结合堆场面积、货种、堆垛高度及当地的气象条件等综合确定，喷枪选用雾化好、性能稳定的产品，喷枪射流轨迹覆盖整个堆垛表面，喷洒均匀； 喷枪喷洒频率根据货物性质和气候条件确定，夏秋季每天洒水2~3次，冬春季每天洒水3~4次，多雨季节适当降低次数；洒水强度、一次喷洒时间根据堆垛湿度确定； 喷洒水系统采用集中程序控制，同时具有就地操作控制的功能	《水运工程环境保护设计规范》(JTS 149—2018)5.2.7.3
14			露天堆场可采用高杆喷雾与喷枪洒水组合的抑尘方式。高杆喷雾抑尘设施布置方式和数量应根据堆场条件、高杆喷雾性能及风况等综合确定，并可利用堆场防风抑尘网、高杆照明灯等安装抑尘设施。小型露天堆场经论证可采用移动式洒水或高杆喷雾抑尘设施	《水运工程环境保护设计规范》(JTS 149—2018)5.2.7.4
15			场区内集疏运车辆装卸作业及其他装卸点宜配备移动式远程射雾器，对装卸点进行喷雾抑尘或同步开启场内洒水喷淋系统进行洒水抑尘	《排污许可证申请与核发技术规范　码头》(HJ 1107—2020)6.4.1e)
16			除尘抑尘系统宜与装卸工艺系统连锁运行自动控制。煤炭、矿石堆场宜设置必要的监测仪器，根据采集的数据实现堆场洒水喷淋优化控制	《水运工程环境保护设计规范》(JTS 149—2018)5.2.18
17			煤炭、矿石码头除尘抑尘用水可采用再生水、处理后的江河地表水。采用再生水和江河地表水作为水源的管道系统应独立设置，且不得与生活饮用水给水管道系统连通	《水运工程环境保护设计规范》(JTS 149—2018)5.2.10
18			有防冻要求的地区，湿法除尘抑尘系统宜采用电伴热等保温防冻措施。喷枪、管道等在冬季应采取放空措施	《水运工程环境保护设计规范》(JTS 149—2018)5.2.12

续上表

序号	类别		具体内容	条款来源
19	设备要求	清扫	煤炭、矿石码头应配置流动清扫、洒水车辆和必要的车辆冲洗设备。配置数量应根据码头、堆场的规模和作业条件确定	《水运工程环境保护设计规范》(JTS 149—2018)5.2.13
20	特殊货种要求		散装粮食码头应采用封闭或半封闭的装卸和输送设备。起尘部位应设有吸尘口,并应配置干式除尘装置	《水运工程环境保护设计规范》(JTS 149—2018)5.2.15
21			散装粮食、水泥等无法采取洒水喷淋的货种应采用封闭式或者半封闭式的装卸和输送设备,起尘部位应配置干式除尘装置	《排污许可证申请与核发技术规范 码头》(HJ 1107—2020)6.4.1f)
22			装卸散装化肥和水泥的码头应在起尘部位设置机械除尘系统	《水运工程环境保护设计规范》(JTS 149—2018)5.2.16

3.2.7 存储

通用散货码头存储环节的粉尘污染管控要求与堆取料作业类似,区别主要在于减少了对于堆取料作业设备配套措施的要求,同时新增了针对静态堆存环节的苫盖、化学药剂喷洒覆盖要求,具体内容详见表3.2-7。

存储环节管控细则 表3.2-7

序号	类别		具体内容	条款来源
1	总体要求		煤炭、矿石、散粮、散化肥、水泥、沙石料等散装货物在输送、装卸和堆存作业时产生的粉尘,应根据气象条件、粉尘性质及作业条件进行防尘和除尘,控制方式的选择应通过技术经济分析确定	《水运工程环境保护设计规范》(JTS 149—2018)5.1.1
2			除尘抑尘设施应与生产设备同时使用,并应不影响生产设备的运行和维护	《水运工程环境保护设计规范》(JTS 149—2018)5.1.4
3			污染防治设施应与其对应的生产工艺设备同步运转	《排污许可证申请与核发技术规范 码头》(HJ 1107—2020)6.4.1 a)
4	设备要求	除尘	易起尘的干散货码头,装卸、输送和堆存机械设备应采用技术先进、密闭性能好、运行费用低的除尘抑尘方式。爆炸性粉尘环境的除尘器应配备泄爆装置,除尘器的滤料应防静电,风机应防爆,风管及部件应采用非燃烧性材料。干法除尘时,除尘器收集的粉尘应进行处理	《水运工程环境保护设计规范》(JTS 149—2018)5.2.1

续上表

序号	类别		具体内容	条款来源
5	设备要求	除尘	粉尘控制设施应有避免受物料冲击的保护措施。粉尘控制设施的布置应便于检查维护和设备材料的更换	《水运工程环境保护设计规范》(JTS 149—2018)5.2.19
6			加强除尘设备巡检，消除设备隐患，保证正常运行。布袋除尘器应安装压差计，及时更换除尘器滤袋，保证滤袋完整无破损。静电除尘器应定期检修维护电晕极、振打清灰装置。湿式除尘器应定期检查喷淋头、循环水泵等设施	《排污许可证申请与核发技术规范　码头》(HJ 1107—2020)6.4.1 b)
7			污染防治设施发生故障时，应及时上报、维修，并做好故障记录，写明发生故障事件、故障原因和重新正常使用时间	《排污许可证申请与核发技术规范　码头》(HJ 1107—2020)6.4.1 k)
8			煤炭、矿石码头露天堆场应根据防尘需要设置围墙、防风抑尘网或防护林。受环境容量限制时，堆场可采取满足防爆、防火、卫生等要求的半封闭或封闭堆存方式	《水运工程环境保护设计规范》(JTS 149—2018)5.2.7.1
9		防风抑尘网	露天堆场设置防风抑尘网时，防风抑尘网的高度、平面布置、开孔率等应根据堆场规模、装卸工艺流程、场地和气象条件及环境敏感区等确定，必要时应通过数学模型或物理模型试验确定。防风抑尘网高度宜取1.1~1.5倍的堆高度，且高出堆垛部分不应小于1m。防风抑尘网下风向有效防护距离宜根据网高和周边场地条件等因素合理选取。防风抑尘网可选用刚性网或柔性网，开孔率宜取30%~40%	《水运工程环境保护设计规范》(JTS 149—2018)5.2.7.5
10		绿化带	煤炭、矿石等干散货码头堆场周边绿化带宽度宜取5~20m。以防护林为主要抑尘防护措施的堆场，防护林宽度不宜小于20m。树种宜以满足吸尘和减弱风速的乔木为主，并根据工程所在地区气候、土壤条件确定	《水运工程环境保护设计规范》(JTS 149—2018)8.3.2
11		喷淋	露天堆场应配置固定式喷枪洒水抑尘系统。系统的设计应满足下列要求： 喷枪的布置和数量结合堆场面积、货种、堆垛高度及当地的气象条件等综合确定，喷枪选用雾化好、性能稳定的产品，喷枪射流轨迹覆盖整个堆垛表面，喷洒均匀； 喷枪喷洒频率根据货物性质和气候条件确定，夏秋季每天洒水2~3次，冬春季每天洒水3~4次，多雨季节适当降低次数；洒水强度、一次喷洒时间根据堆垛湿度确定； 喷洒水系统采用集中程序控制，同时具有就地操作控制的功能	《水运工程环境保护设计规范》(JTS 149—2018)5.2.7.3

续上表

序号	类别		具体内容	条款来源
12	设备要求	喷淋	露天堆场可采用高杆喷雾与喷枪洒水组合的抑尘方式。高杆喷雾抑尘设施布置方式和数量应根据堆场条件、高杆喷雾性能及风况等综合确定,并可利用堆场防风抑尘网、高杆照明灯等安装抑尘设施。小型露天堆场经论证可采用移动式洒水或高杆喷雾抑尘设施	《水运工程环境保护设计规范》(JTS 149—2018)5.2.7.4
13	设备要求	喷淋	场区内集疏运车辆装卸作业及其他装卸点宜配备移动式远程射雾器,对装卸点进行喷雾抑尘或同步开启场内洒水喷淋系统进行洒水抑尘	《排污许可证申请与核发技术规范 码头》(HJ 1107—2020)6.4.1e)
14	设备要求	喷淋	除尘抑尘系统宜与装卸工艺系统连锁运行自动控制。煤炭、矿石堆场宜设置必要的监测仪器,根据采集的数据实现堆场洒水喷淋优化控制	《水运工程环境保护设计规范》(JTS 149—2018)5.2.18
15	设备要求	喷淋	煤炭、矿石码头除尘抑尘用水可采用再生水、处理后的江河地表水。采用再生水和江河地表水作为水源的管道系统应独立设置,且不得与生活饮用水给水管道系统连通	《水运工程环境保护设计规范》(JTS 149—2018)5.2.10
16	设备要求	喷淋	有防冻要求的地区,湿法除尘抑尘系统宜采用电伴热等保温防冻措施。喷枪、管道等在冬季应采取放空措施	《水运工程环境保护设计规范》(JTS 149—2018)5.2.12
17	设备要求	覆盖	露天堆场中周转频率低的堆垛可采用苫盖、化学药剂喷洒覆盖等辅助抑尘措施	《水运工程环境保护设计规范》(JTS 149—2018)5.2.7.6
18	设备要求	清扫	煤炭、矿石码头应配置流动清扫、洒水车辆和必要的车辆冲洗设备。配置数量应根据码头、堆场的规模和作业条件确定	《水运工程环境保护设计规范》(JTS 149—2018)5.2.13
19	特殊货种要求		散装粮食码头筒仓工作楼应设置粉尘清扫和除尘系统,并应设置满足防爆要求的静电消除装置	《水运工程环境保护设计规范》(JTS 149—2018)5.2.15

3.3 环境管理

3.3.1 作业工艺相关管理细则

针对通用散货作业环节,相关法律法规、标准规范主要从装卸环节、运输环节和堆存环节提出了要求,具体内容详见表3.3-1。

作业工艺相关管理细则 表3.3-1

管理环节	管理要点	具体要求	依据来源
装卸环节	控制落料高度	码头堆放、装卸和运输作业，应当符合下列防尘要求：（三）堆料、取料和卸船（车）、装船（车）作业，应当降低落料高度	《河北省扬尘污染防治办法》（2020年4月1日起施行）第十九条
		在码头堆放、装卸和运输易产生扬尘污染物料的，应当符合下列扬尘污染防治要求：（三）堆料、取料作业，卸船（车）、装船（车）作业，应当降低落料高度	《河北省人民代表大会常务委员会关于加强扬尘污染防治的决定》（2018年11月1日起施行）第十九条
		控制装卸作业落差，堆料作业落差宜在2m以内，装卸车/船作业落差宜在1.5m以内	《排污许可证申请与核发技术规范》（HJ 1107—2020）6.4.1
		船舶装卸作业的允许风力不宜超过6级；重污染天气、冬防期间及大风天气等特殊时段，地方对码头颗粒物无组织排放管控有特殊要求的，从其规定	《排污许可证申请与核发技术规范》（HJ 1107—2020）6.4.1
运输环节	车辆密闭，按照规定路线行驶，车辆冲洗	运输煤炭、垃圾、渣土、砂石、土方、灰浆等散装、流体物料的车辆应当采取密闭或者其他措施防止物料遗撒造成扬尘污染，并按照规定路线行驶	《中华人民共和国大气污染防治法》第七十条
		运输渣土、砂石、建筑垃圾等易产生扬尘污染物料的车辆应当密闭，物料不得沿途散落或者飞扬，并按照规定路线行驶	《河北省大气污染防治条例》（2021年9月29日修正）第四十一条
		运输煤炭、垃圾、渣土、砂石、土方、灰浆等易产生扬尘污染物料的车辆，应当符合下列防尘要求：（四）装载物不得超过车厢挡板高度，并采取完全密闭措施，防止物料遗撒、滴漏或者扬散	《河北省扬尘污染防治办法》（2020年4月1日起施行）第二十四条
		运输煤炭、垃圾、渣土、砂石、土方、灰浆等易产生扬尘污染物料的车辆，应当采取完全密闭措施，保持车体整洁，防止物料散落滴漏，并按照规定路线行驶	《河北省人民代表大会常务委员会关于加强扬尘污染防治的决定》（2018年11月1日起施行）第十三条
		运输渣土、砂石、建筑垃圾等易产生扬尘污染物料的车辆应当密闭并按照规定路线行驶，物料不得沿途散落或者飞扬	《唐山市大气污染防治若干规定》（2021年修正）第十一条

续上表

管理环节	管理要点	具体要求	依据来源
		码头堆放、装卸和运输作业，应当符合下列防尘要求：(六)在出口设置运输车辆清洗设施，车辆冲洗干净后方可驶出	《河北省扬尘污染防治办法》(2020年4月1日起施行)第十九条
		运输煤炭、垃圾、渣土、砂石、土方、灰浆等易产生扬尘污染物料的车辆，应当符合下列防尘要求：(五)车辆除泥、冲洗干净后方可驶出作业场所，并保持车体整洁	《河北省扬尘污染防治办法》(2020年4月1日起施行)第二十四条
		散货集疏运车辆应采取封闭车型，采用敞车时，应对车厢进行有效覆盖；车辆驶出作业区前应在冲洗点对车轮进行冲洗，北方冬季做好洗车用水管网的防冻措施，确保洗车正常进行	《排污许可证申请与核发技术规范》(HJ 1107—2020)6.4.1
		运输煤炭、垃圾、渣土、砂石、土方、灰浆等易产生扬尘污染物料的车辆，应当符合下列防尘要求：(一)依法安装、使用符合国家标准的卫星定位系统、行驶记录仪，并保持号牌清晰	《河北省扬尘污染防治办法》(2020年4月1日起施行)第二十四条
		运输煤炭、垃圾、渣土、砂石、土方、灰浆等易产生扬尘污染物料的车辆，应当符合下列防尘要求：(三)通行限行区域或者路段时，应当随车携带公安机关交通管理部门核发的通行证件，并按规定的时间、区域、路线、车速通行	《河北省扬尘污染防治办法》(2020年4月1日起施行)第二十四条
堆存环节	科学划分物料堆场和道路界限，及时清除散落的物料，保持场地及道路整洁	堆放易产生扬尘物料的场所，应当符合下列防尘要求：(一)划分物料区域和道路界限，及时清除散落的物料，保持物料堆放区域和道路整洁	《河北省扬尘污染防治办法》(2020年4月1日起施行)第十七条
		在码头堆放、装卸和运输易产生扬尘污染物料的，应当符合下列扬尘污染防治要求：(一)科学划分物料堆放场地和道路，进行硬化处理，及时清除散落物料，保持场地、道路整洁，并采取洒水等防尘措施	《河北省人民代表大会常务委员会关于加强扬尘污染防治的决定》(2018年11月1日起施行)第十九条

3.3.2 制度建设相关管理细则

针对通用散货管理环节中的制度建设情况,《排污许可管理条例》《排污许可管理办法》《生态环境部关于印发〈关于加强排污许可执法监管的指导意见〉的通知》(环执法〔2022〕23号)以及《水运工程环境保护设计规范》(JTS 149—2018)等文件主要从落实环境保护主体责任、建立环境管理制度、建立环境管理台账记录制度几方面提出了要求,具体内容详见表3.3-2。

制度建设相关管理细则 表3.3-2

<table>
<tr><th>管理环节</th><th>管理要点</th><th>具体要求</th><th>依据来源</th></tr>
<tr><td rowspan="5">制度建设</td><td rowspan="5">落实环境保护主体责任、建立环境管理制度、建立环境管理台账记录制度</td><td>排污单位应当遵守排污许可证规定,按照生态环境管理要求运行和维护污染防治设施,建立环境管理制度,严格控制污染物排放</td><td>《排污许可管理条例》第十七条</td></tr>
<tr><td>排污单位应当依照《排污许可管理条例》规定,严格落实环境保护主体责任,建立健全环境管理制度,按照排污许可证规定严格控制污染物排放。排污登记单位应当依照国家生态环境保护法律法规规章等管理规定运行和维护污染防治设施,建设规范化排放口,落实排污主体责任,控制污染物排放</td><td>《排污许可管理办法》(生态环境部令2023年第32号)第三十三条</td></tr>
<tr><td>排污单位应当建立环境管理台账记录制度,按照排污许可证规定的格式、内容和频次,如实记录主要生产设施、污染防治设施运行情况以及污染物排放浓度、排放量</td><td>《排污许可管理条例》第二十一条</td></tr>
<tr><td>排污单位必须依法持证排污、按证排污,建立排污许可责任制,明确责任人和责任事项,确保事有人管、责有人负。健全企业环境管理制度,及时申请取得、延续和变更排污许可证,完善污染防治措施,正常运行自动监测设施,提高自行监测质量</td><td>《关于印发〈关于加强排污许可执法监管的指导意见〉的通知》(环执法〔2022〕23号)</td></tr>
<tr><td>水运工程运营应根据国家、行业要求制定环境管理制度</td><td>《水运工程环境保护设计规范》(JTS 149—2018)3.4.1</td></tr>
</table>

3.3.3 监测相关管理细则

针对通用散货管理环节中的监测管理,《排污许可管理条例》《河北省扬尘污染防治办法》《水运工程环境保护设计规范》(JTS 149—2018)等文件主要从开展自行监测和扬尘污染物在线监测两方面提出了具体要求，具体内容详见表3.3-3。

监测相关管理细则　表3.3-3

管理环节	管理要点	具体要求	依据来源
监测	开展自行监测和扬尘污染物在线监测	排污单位应当按照排污许可证规定和有关标准规范，依法开展自行监测，并保存原始监测记录。原始监测记录保存期限不得少于5年。排污单位应当对自行监测数据的真实性、准确性负责，不得篡改、伪造	《排污许可管理条例》第十九条
		排污单位必须依法持证排污、按证排污，建立排污许可责任制，明确责任人和责任事项，确保事有人管、责有人负。健全企业环境管理制度，及时申请取得、延续和变更排污许可证，完善污染防治措施，正常运行自动监测设施，提高自行监测质量	《关于印发〈关于加强排污许可执法监管的指导意见〉的通知》（环执法〔2022〕23号）
		同步安装视频监控设备和扬尘污染物在线监测设备，并与生态环境主管部门及其他负有扬尘污染防治监督管理职责的部门的监控设备联网，保证系统正常运行，发生故障应当在24h内修复	《河北省扬尘污染防治办法》（2020年4月1日起施行）第十七条
		水运工程运营应根据工程环境影响特征制定环境监测计划	《水运工程环境保护设计规范》（JTS 149—2018）3.4.2
		煤炭或矿石码头应配置粉尘监测仪器设备。堆场和装卸系统可根据监测结果采取实时除尘抑尘措施	《水运工程环境保护设计规范》（JTS 149—2018）5.1.5
		煤炭、矿石堆场宜设置必要的监测仪器，根据采集的数据实现堆场洒水喷淋优化控制	《水运工程环境保护设计规范》（JTS 149—2018）5.2.18

第4章　通用散货码头粉尘污染管控参考范例

4.1　作业工艺

作业工艺参考范例主要收集了码头作业、输运作业和堆场作业三方面的范例。其中，码头作业范例进一步细分为装船作业和卸船作业范例，输运作业范例进一步细分为装车作业、卸车作业和水平运输作业范例，堆场作业范例进一步细分为堆取料作业和存储作业范例。

4.1.1　装船

通过系统梳理通用散货码头常规装船作业工艺，结合资料调研和现场调研结果，整理可参照性装船工艺范例如下。

范例一　散货船舶岸边接料工艺

散货船舶岸边接料装置可整体固定在码头护轮坎上，同时也可以使用装载机进行运输，安装简便快捷，操作难度低，可有效缩短接货片悬挂时间，提高作业效率，消除工人坠海的安全隐患。该工艺的主要设备、适用货种及工作原理详见表4.1-1。

散货船舶岸边接料工艺说明表　　表4.1-1

项目	说明
主要设备	接料框架、接料板、运输叉座、固定架等
适用货种	煤炭、矿石、粮食、饲料、化肥、工业盐、矿建材料等各种干散货
工作原理 （图示）	散货船舶岸边接料工艺的接料框架由顶框架、底框架和前框架组成三角形框架，底框架水平放置在地面上，前框架垂直焊接在底框架的前端，顶框架倾斜放置，顶框架的两端分别与底框架的后端和前框架的上端焊接连接。 接料板为钢板，接料板平铺焊接在顶框架的表面上。 运输叉座焊接在底框架的后端，运输叉座与装载机的铲斗相匹配。 固定架垂直焊接在底框架的下方，固定架与底框架的长度方向垂直，固定架的下端与码头的护轮坎相对。 散货船舶岸边接料装置安装简便快捷，操作难度低，可有效缩短接货片悬挂时间，提高作业效率，有效防止装卸船工序的物料撒漏入海（河）

续上表

<table>
<tr><th>项目</th><th>说明</th></tr>
<tr><td>工作原理
（图示）</td><td>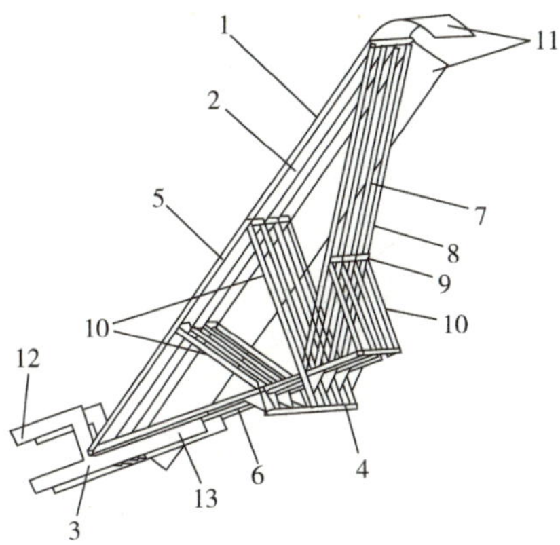
1-接料框架；2-接料板；3-运输叉座；4-固定架；5-顶框架；6-底框架；7-前框架；8-长钢管；9-横钢管；10-加强撑杆；11-搭接皮带；12-开口框架；13-连接杆</td></tr>
<tr><td>应用港口</td><td>唐山港</td></tr>
</table>

范例二　高度可调节料斗式卸车装船工艺

高度可调节料斗式卸车装船工艺组成设备主要包括卸料斗、传料装置、动力装置等，该工艺适用于无法采用地坑装卸模式的高桩码头，可实现装船过程中物料不落地。作业方式受阴雨天气影响小，相对于装船机、卸车机的作业方式，该系统造价低，且可以满足多种车辆卸货装船的需求，适用于通用作业工艺的现状需求。该工艺的主要设备、适用货种及工作原理详见表4.1-2。

高度可调节料斗式卸车装船工艺说明表　　表4.1-2

<table>
<tr><th>项目</th><th>说明</th></tr>
<tr><td>主要设备</td><td>卸料斗、传料装置、动力装置、接料板、刮料板等</td></tr>
<tr><td>适用货种</td><td>煤炭、矿石、粮食、饲料、化肥、工业盐、矿建材料等各种干散货</td></tr>
<tr><td>工作原理
（图示）</td><td>高度可调节料斗式卸车装船装置在卸料斗的一侧设置有活动斗板，并开设有门洞，活动斗板用于开合门洞。当门洞打开时，可以适应高度较小的装货车卸货，此时卸料斗内部的存储空间减小。门洞闭合时，卸料斗可以适应正常高度的装货车卸货，不影响卸料斗内部的存储空间。
卸料斗的底部设置有传料装置，传料装置包括安装架，安装架的顶部设置有接料板，接料板的两侧均设置有传动链条，两条传动链条之间通过多个刮料板连接，刮料板向前推料，使物料往传送方向移动，同时，可避免块状、粒状等松散物料堵塞卸料斗的出料口，保证送料的正常进行。传料装置的长度和坡度均可根据实际情况进行设置，以确保接料板上的物料顺利装船。
在接料板的两侧设置导料板，两侧的导料板呈喇叭状沿着卸料斗出料端的方向设置，便于接料，避免物料损耗。
接料板上开设有多个排水孔，排水孔的一侧均设置有用于开合排水孔的密封盖，作业时通过密封盖关闭排水孔，下雨后打开密封盖，便于接料板的排水</td></tr>
</table>

续上表

项目	说明
工作原理（图示）	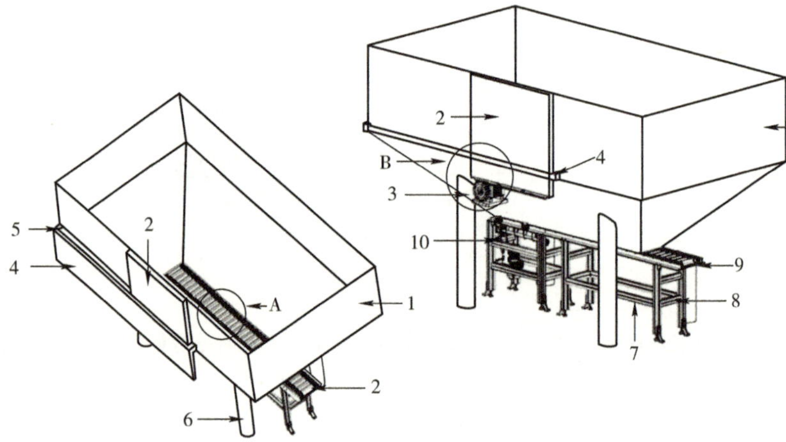 1-卸料斗；2-活动斗板；3-第一动力装置；4-第一安装板；5-安装槽；6-支撑件；7-传料装置；8-安装架；9-接料板；10-第二动力装置
应用港口	武汉经开港

范例三　链式可伸缩输送工艺

链式可伸缩输送工艺是物料接收与后续装载或存储作业之间的重要衔接环节。链式可伸缩输送机不需要固定工作区域，在不使用的情况下可将设备从操作区域移开，适用于空间有限或通用、多用途码头。该工艺的主要设备、适用货种及工作原理详见表4.1-3。

链式可伸缩输送工艺说明表　　表4.1-3

项目	说明
主要设备	链式可伸缩输送机
适用货种	煤炭、矿石、粮食、饲料、化肥、工业盐、矿建材料等各种干散货
工作原理（图示）	链式可伸缩输送机可以作为整体输送系统的一环，也可单机运行。当作为整体输送系统的一环时，是物料接收与后续作业（装载或存储）之间的重要衔接环节。 可伸缩输送机的伸缩悬臂最多可延伸至40~50m，在船舶干舷高度不同的情况下，可延伸长度来完成装载。该装置可根据企业需要选配防护罩、除尘器、配料溜槽、自动堆存功能等，可控制装载和堆存速率，移动便捷，作业效率高，有效降低粉尘污染

续上表

项目	说明
工作原理（图示）	 
应用港口	—

范例四　料斗低矮型移动装船工艺

料斗低矮型移动装船工艺不需要固定工作区域，在不使用的情况下，可将设备从操作区域移开，适用于空间有限或通用、多用途码头，能够实现连续装船。该工艺的主要设备、适用货种及工作原理详见表4.1-4。

料斗低矮型移动装船工艺说明表　　表4.1-4

项目	说明
主要设备	料斗低矮型移动装船机
适用货种	煤炭、矿石、粮食、饲料、化肥、工业盐、矿建材料等各种干散货
工作原理（图示）	料斗低矮型移动装船工艺允许轮式装载机、抓斗起重机或挖掘机直接给料，进料高度明显低于标准移动式装卸料机，料斗的独特设计允许在受限区域操作时后进料。该工艺及设备操作便捷，可有效避免物料撒落，减少粉尘污染

续上表

项目	说明
工作原理（图示）	
应用港口	—

范例五　封闭移动给料装船工艺

封闭移动给料机配合移动式装船机使用，可实现码头连续装船作业，提高装船作业效率，避免装船过程中物料撒漏及粉尘污染。该工艺不需要深基坑或地下料斗，也不需要土建工程，无须固定，可灵活移动，直接接收各种车辆卸下的物料，包括干粉物料和湿黏物料。设备的缓冲容量可配合连续出料速率，配套防尘罩可有效防止粉尘逸散。该工艺的主要设备、适用货种及工作原理详见表4.1-5。

封闭移动给料装船工艺说明表　　表4.1-5

项目	说明
主要设备	封闭移动给料机、移动式装船机
适用货种	煤炭、矿石、粮食、饲料、化肥、工业盐、矿建材料等各种干散货
工作原理（图示）	封闭移动给料机可以作为接收设备单机运行，或作为输送系统的一环，有效将干散货输送到后续作业环节，能够直接接收自卸车、铲车卸下的各种物料，与传统地下料斗相比更灵活。该装置配套防尘罩，有效减少粉尘逸散；采用加宽传送带设计，能够输送任何物料或避免桥接及堵塞；可选配卸料控制装置，通过料位测量叶片、旋转搅动装置等装卸极具黏性的物料；装置可选择采用履带式和车轮式两种行进方式；入口设计、防护罩及卸货方式可根据物料特点和操作类型定制。 移动式装船机配套伸缩式溜槽、可变速径向抛料机、径向导流机构及弧形臂架等，可直线或平行式自驱动行进，可单机运行或搭配1~2台给料机使用，采取远程控制实现物料分配。该装置可根据船型量身定制设计方案，装载能力最高可达2000t/h。该装置能够对整个船舱进行快速匀料，无须固定工作区域，在不使用的情况下可将设备从操作区域移开，适用于空间有限或通用、多用途码头，实现了通用工艺装船效率的大幅提高

续上表

项目	说明
工作原理（图示）	 
应用港口	—

范例六　翻转箱式货斗装船工艺

翻转箱式货斗装船工艺的组成设备主要包括双四连杆门座起重机、翻转吊具和箱式货斗。该工艺解决了传统散货装卸过程中所产生的“易撒漏”“扬尘多”等问题，实现了从铁路集装箱到散货装船的“无缝衔接”，运输及装卸过程无撒漏。该工艺的主要设备、适用货种及工作原理详见表4.1-6。

翻转箱式货斗装船工艺说明表　　表4.1-6

项目	说明
主要设备	双四连杆门座起重机、翻转吊具、箱式货斗
适用货种	煤炭、矿石、粮食、饲料、化肥、工业盐、矿建材料等各种干散货
工作原理（图示）	翻转箱式货斗装船工艺采取“双四连杆门座起重机+翻转吊具+箱式货斗”协同应用，在水平运输及码头装卸方面采用集装箱化作业模式，水平运输过程全封闭，装船过程中将集装箱移至船舱上方后进行翻转，通过控制翻转高度和速度来减少粉尘逸散。该工艺装卸效率高，保证运输及装卸过程无撒漏，有效控制粉尘逸散，散货单船最大装船效率较传统工艺提升34%

续上表

项目	说明
工作原理（图示）	  
应用港口	南京港

范例七　底部开口自卸箱装船工艺

底部开口自卸箱装船工艺的组成设备主要包括敞口自卸箱和自卸箱专用吊具，该工艺需要配合门座起重机使用，通过门座起重机起吊自卸箱实现货物装船作业。该工艺装卸效率高，实现了运输及装卸过程无撒漏，可有效控制粉尘逸散。该工艺的主要设备、适用货种及工作原理详见表4.1-7。

底部开口自卸箱装船工艺说明表　　表4.1-7

<table>
<tr><th>项目</th><th>说明</th></tr>
<tr><td>主要设备</td><td>敞口自卸箱、自卸箱专用吊具</td></tr>
<tr><td>适用货种</td><td>煤炭、矿石、粮食、饲料、化肥、工业盐、矿建材料等各种干散货</td></tr>
<tr><td rowspan="2">工作原理
（图示）</td><td>该工艺作业过程如下：
（1）干散货装船作业时，先在堆场通过装载机将散货由上口装入自卸箱，再通过倒运车辆将自卸箱倒运至码头前沿。
（2）门座起重机悬挂敞口自卸箱专用吊具，分别按照长短链将圆吊环挂在相应吊耳上。
（3）门座起重机起吊自卸箱，重箱吊耳优先受力，下翻板关闭，门座起重机将自卸箱和货物作为整体吊至船舱内。
（4）箱体落实到船舱底部后，门座起重机吊钩继续下降，重箱吊耳吊链吊环因重力下落完成自动脱钩，待确认脱钩后门座起重机再进行起升动作，此时空箱吊耳受力，自卸箱下翻板打开，箱体内货物在自重的作用下通过起脊底铺板落入船舱内。
（5）最后门座起重机将空箱吊运至倒运车辆上，完成一个作业循环</td></tr>
<tr><td>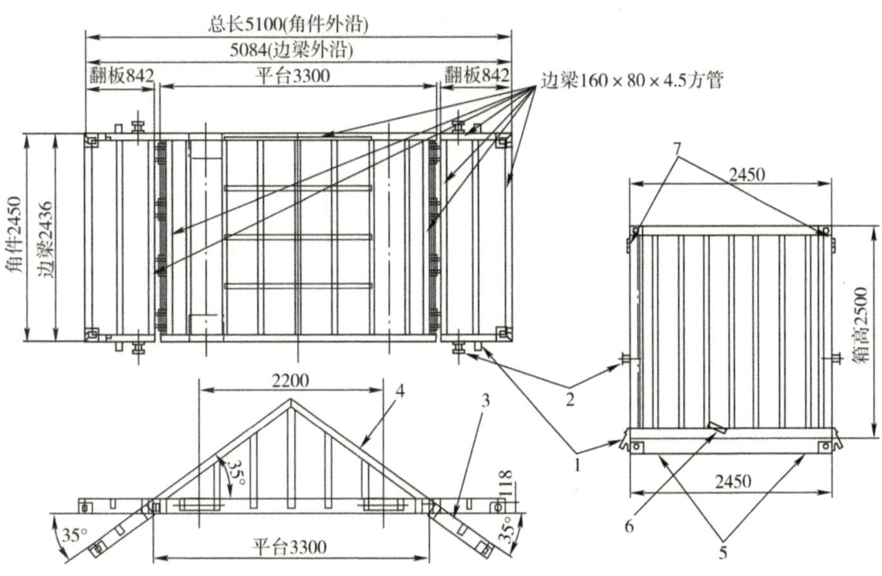

1-重箱吊耳；2-空箱吊耳；3-下翻板；4-起脊底铺板；5-翻板滚轮；6-翻板闭合开关；7-滑轮</td></tr>
<tr><td>应用港口</td><td>秦皇岛港</td></tr>
</table>

范例八　门座起重机抓斗物料重量限制工艺

散杂货码头装卸货物种类繁杂，各类散杂货比例不尽相同，同一抓斗抓取的货物重量有较大的出入，抓取过重会触发力矩载限制导致无法起吊，因此需要反复开斗释放物料，导致卸船效率低、耗能大。门座起重机抓斗物料重量限制工艺主要通过对变频运行模式的切换，限制抓斗深挖速度，控制物料抓取重量，从而解决因抓斗超载而反复开斗释放物料、增大粉尘污染的问题。该工艺的主要设备、适用货种及工作原理详见表4.1-8。

门座起重机抓斗物料重量限制工艺说明表　　表4.1-8

项目	说明
主要设备	人机界面(HMI)触摸屏、起重机可编程逻辑控制器(PLC)、变频器
适用货种	煤炭、矿石、粮食、饲料、化肥、工业盐、矿建材料等各种干散货
工作原理 (图示)	门座起重机抓斗物料重量限制工艺主要指操作人员可根据物料状态特征，在卸船首抓的合斗阶段，设置与抓取目标重量相对应的“速度限制”上、下限存储单元的数值，改变抓斗深挖速度，从而达到限制物料抓取重量的目的。合斗抓取物料阶段，支持变频器控制方式在速度模式和转矩模式间相互切换，达到限制下放抓斗速度的目的，从而实现限制抓斗抓取物料的重量，同时解决了支持绳过度松弛问题。 操作人员在司机室操作联动台建立HMI触摸屏与起重机PLC通信网络，可方便地通过HMI对起重机系统软件部分数据进行选择操作，选择启用(不启用)重量抓取限制系统，并操作“抓货量递增(递减)”按键对合斗抓取物料重量进行限制。 变频器运行分为转矩模式和速度模式，可切换控制模式，达到限制速度目的。在合斗阶段，选择变频器为转矩模式，以控制电机的输出转矩，并进行速度限制。抓斗完全打开后，抓取物料分两个阶段：①迅速张紧处于松弛状态钢丝绳；②在抓斗自重作用下闭合抓斗。对抓斗闭合速度进行限制，可达到限制抓取物料重量的目的 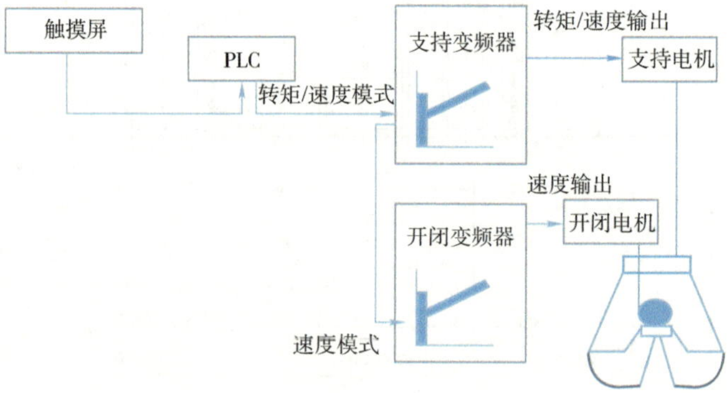
应用港口	北部湾港

范例九　门座起重机自动化“一舱多机”“一对二操作”工艺

传统散货门座起重机作业时，由于惯性作用，抓料的位置不易控制，存在抓斗撞击船舱风险，特别是在清舱作业阶段，需要门座起重机与流动机械相互配合作业，装载机、挖掘机司机下舱时存在一定安全风险。“一舱多机”协同作业和门座起重机自动化“一对二操作”新模式实现了门座起重机与流动机械的自动化及远程操控作业，改变了传统的“一人一机”的手动操作模式，在确保生产作业安全的同时提高了作业效率，较人工作业效率提高5%，作业环境进一步改善，劳动强度进一步降低。该工艺的主要设备、适用货种及工作原理详见表4.1-9。

门座起重机自动化“一舱多机”“一对二操作”工艺说明表　　表4.1-9

项目	说明
主要设备	雷达传感器、算法计算软件、控制台等
适用货种	煤炭、矿石、粮食、饲料、化肥、工业盐、矿建材料等各种干散货
工作原理（图示）	“一舱多机”协同作业包括门座起重机与门座起重机、门座起重机与流动机械两部分。两个门座起重机在同一舱内作业时，存在变幅机构发生碰撞的风险，通过预留安全距离来避免两机发生碰撞。利用变幅机构的中前端及最高位置安装防碰撞雷达传感器，实现两机的硬件防碰撞。同时，在软件中通过算法计算，检测到可能发生碰撞时，从机停止回转避让主机，待主机离开碰撞区域后从机再继续回转。通过硬件与软件两种防碰撞策略，确保门座起重机与门座起重机协同作业时的安全。门座起重机与流动机械协同作业时，通过两者实时位置数据交互，利用图像识别技术，算法识别机械与抓斗之间最短距离，获取门座起重机PLC中的抓斗高度数据，来实现抓斗与流动机械的避让，确保门座起重机与流动机械的协同作业安全。 门座起重机自动化“一对二操作”新模式，是指司机通过一台控制台操纵两台门座起重机。两台门座起重机同时运行时，操作台可以实现随意切换，同时，当某一台门座起重机自动化运行出现问题时，系统也会自动切换到此台门座起重机，司机直接进行人工干预，保证运行的安全性 
应用港口	青岛港

范例十　门座起重机自动化作业工艺

传统门座起重机的司机是在司机室进行操作，操作司机可能存在环境观察不到位、起吊过快、起升高度不足等问题，且司机劳动强度大，工作环境较为恶劣。实现自动化作业后能够极大地减少装卸过程中的人工参与，有效防止人为因素造成的生产事故。门座起重机自动化作业系统主要包括扫描与定位、自动化控制、远程操作、安防模块四个子系统。该工艺的主要设备、适用货种及工作原理详见表4.1-10。

门座起重机自动化作业工艺说明表　　表4.1-10

<table>
<tr><th>项目</th><th>说明</th></tr>
<tr><td>主要设备</td><td>三维扫描仪、云台、数据采集控制器、高精度定位装置、操作台、HMI系统、PLC站、摄像装置、通信装置、远程控制装置、仿真建模系统等</td></tr>
<tr><td>适用货种</td><td>煤炭、矿石、粮食、饲料、化肥、工业盐、矿建材料等各种干散货</td></tr>
<tr><td rowspan="2">工作原理（图示）</td><td>通过对传统门座起重机设备增加扫描仪、云台、数据采集控制器、高精度定位装置等，实现门座起重机自动化作业关键技术，完成门座起重机的远程化、半自动化、全自动化作业升级。在现有技术条件下，门座起重机自动化作业采用的是门座起重机自动作业与远程人工操作作业相结合的方式。
门座起重机自动化作业操作流程如下：
船舶靠岸停好后，根据调度指示中控派工远程人工操作门座起重机行车到指定位置，行车过程需要有人现场监护；自卸车将漏斗移动到指定位置，门座起重机上的扫描仪和图像识别设备对船舱和漏斗进行扫描识别（船舱信息会储存到数据库中方便今后调用），根据调度指示中控派工门座起重机开工，中控人员在中控室对门座起重机自动化作业进行实时监控，出现异常情况及时介入人工操作；自卸车进入漏斗接货；根据调度指示中控切换为远程人工操作，吊取下舱机械下舱，过程需要有人现场监护，下舱机械在船舱作业应拉警戒线；根据调度指示中控派工门座起重机继续自动作业；中控远程人工操作门座起重机清舱底；吊取下舱机械，行车到调度指示位置避让船舶离港</td></tr>
<tr><td>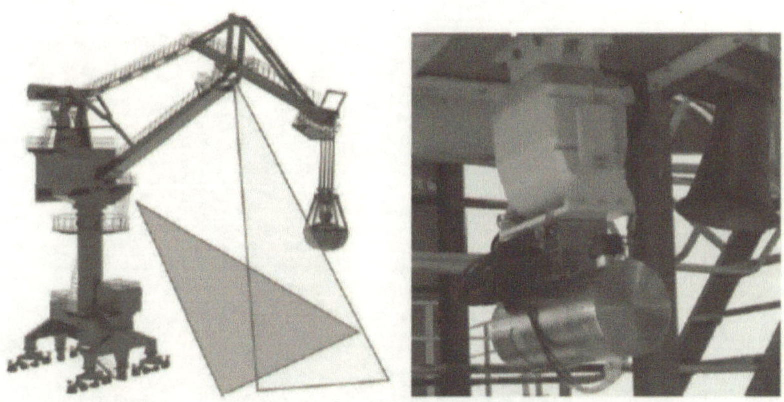
三维扫描仪及云台</td></tr>
</table>

续上表

项目	说明
工作原理（图示）	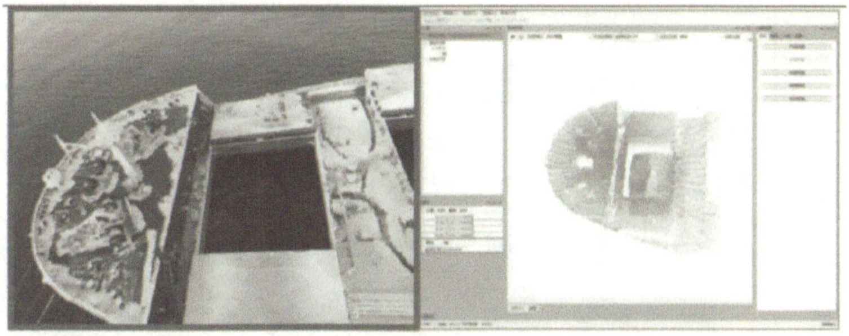 船舱三维仿真图像
应用港口	日照港、黄骅港、连云港港

范例十一　码头全流程自动化作业工艺

基于人工智能(AI)、三维激光扫描、电子防摇等技术，研发“四系统一平台”(门座起重机/料斗协同系统、自卸车无人驾驶系统、远控清舱系统、内外车辆混行系统和智慧管控平台)，实现通用码头全流程自动化，改善现场工作人员工作环境，全面提升综合作业效率和安全水平。相对传统作业模式，自动化作业系统整体能耗降低75%，节省人工成本68%，延长有效工作时长10%，节省装卸作业成本25%以上。该工艺的主要设备、适用货种及工作原理详见表4.1-11。

码头全流程自动化作业工艺说明表　　表4.1-11

项目	说明
主要设备	三维扫描仪、全球定位系统(GPS)、环视相机、自动化门座起重机、数字化堆场、电子防摇、自动化门座起重机作业系统、自卸车无人驾驶系统、远控清舱系统、内外车辆混行系统、一体化综合智慧管控平台
适用货种	煤炭、矿石、粮食、饲料、化肥、工业盐、矿建材料等各种干散货
工作原理（图示）	基于AI、三维激光扫描、电子防摇等技术，研发“四系统一平台”(门座起重机/料斗协同系统、自卸车无人驾驶系统、远控清舱系统、内外车辆混行系统和智慧管控平台)，实现通用码头全流程自动化。 自动化门座起重机作业系统：2021年6月，全球首台自动化门座起重机成功投入使用，通过持续优化关键技术，效率不断提升，平均单斗循环作业时间由1min40s缩短至1min27s。 无人自卸车作业系统：通过车辆集群调度系统和车端无人驾控系统，港区作业车辆具备了环境感知、循迹运行、自主避障、装载作业等全自动操作功能，实现了无人车辆的集群、协同作业。 智能远控清舱作业系统：搭建激光扫描、GPS、环视相机等环境感知系统，实现了清舱作业的远程控制，保障了远控清舱机械与自动化门座起重机的安全、高效作业。 内外车辆混行作业系统：搭建数字化料场，采用GPS定位和视觉追踪融合技术，科学规划内外车辆行驶路线，实现港区无人驾驶车辆与外来车辆混行作业。 综合智慧管控平台：将自动化门座起重机、无人自卸车及远控清舱设备与现有生产作业系统相结合，研发一体化综合智慧管控平台，实现全流程智能化、可视化安全作业

续上表

项目	说明
工作原理 （图示）	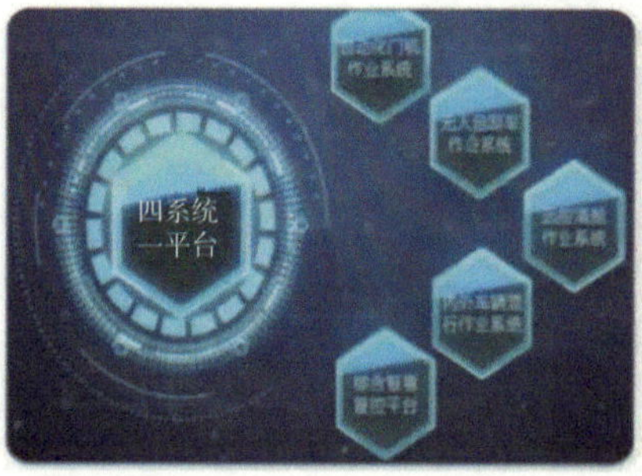  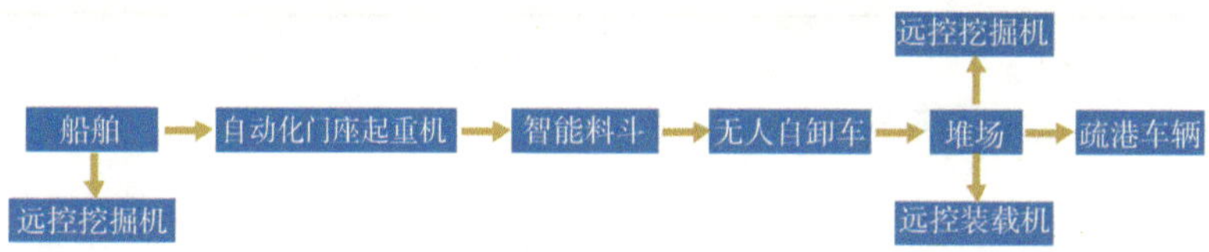
应用港口	日照港、黄骅港、连云港港

4.1.2 卸船

通过系统梳理通用散货码头常用卸船作业工艺及设备，结合资料调研和现场调研结果，整理可参照性卸船工艺范例如下。

范例一 可移动脉冲式除尘料斗工艺

可移动抑尘料斗工艺主要通过专用接料料斗配合伸缩式溜筒或辅助给料机，同时配套脉冲式除尘器，实现对卸船过程中扬尘污染的有效控制。该工艺的主要设备、适用货种及工作原理详见表4.1-12。

可移动脉冲式除尘料斗工艺说明表 表4.1-12

项目	说明
主要设备	弹性防尘风门、防尘密封系统、一体式脉冲除尘器
适用货种	煤炭、矿石、粮食、饲料、化肥、工业盐、矿建材料等各种干散货
工作原理 （图示）	可移动脉冲式除尘料斗工艺用于接收装置于船舶或固定于海岸的抓斗起重机卸下的散装物料，通过伸缩式溜槽或辅助给料机卸至输送机或卡车，可装置于轨道或车轮上，按需沿码头布置。除尘器上大功率风机使吸尘风速和负压大于粉尘外溢的速度和浮力，进而使粉尘在负压作用下被有效控制，高效的脉冲清灰系统能够将粉尘吹离长效滤筒，且使清除的粉尘回落到料斗中

续上表

项目	说明
工作原理（图示）	  
应用港口	—

范例二　可移动料斗智能微雾抑尘工艺

可移动料斗智能微雾抑尘工艺主要通过对常规移动料斗进行抑尘改装，实现码头散货卸船作业过程中的自动喷淋抑尘，适用性强，操作便捷。该工艺的主要设备、适用货种及工作原理详见表4.1-13。

可移动料斗智能微雾抑尘工艺说明表　　表4.1-13

项目	说明
主要设备	微雾抑尘装置、雷达双向感应智能装置等
适用货种	煤炭、矿石等可湿法抑尘的干散货
工作原理（图示）	可移动料斗智能微雾抑尘工艺是对常规可移动料斗进行抑尘升级改造，在料斗斗体上沿加装高压微雾抑尘装置和雷达双向感应智能装置，雷达双向感应智能装置检测到抓斗靠近料斗时，会自动开启高压微雾抑尘装置，对悬浮在空气中的粉尘进行有效吸附，解决卸料过程的粉尘逸散问题，实现码头散货装卸作业抑尘自动化

应用港口	曹妃甸港

范例三　料斗干雾抑尘工艺

料斗干雾抑尘工艺指将干雾抑尘技术应用于常规料斗上，实现卸料过程中的湿式除尘。该工艺节约水资源，正常工作时用水量仅为普通喷淋抑尘设备的10%，同时可避免因喷淋造成的物料水分含量过高等问题。该工艺的主要设备、适用货种及工作原理详见表4.1-14。

料斗干雾抑尘工艺说明表　　表4.1-14

项目	说明
主要设备	干雾抑尘系统
适用货种	煤炭、矿石等可湿法抑尘的干散货
工作原理（图示）	料斗干雾抑尘改造工艺指在常规装卸料斗上配套干雾抑尘装置，主要方式是在料斗斗体上沿加装干雾抑尘系统，干雾抑尘系统通过空压机、储气罐产生气压稳定的气源，再利用干雾主机将压缩气体与水源进行混合，从而产生水雾颗粒，对悬浮在空气中的粉尘进行有效吸附，解决卸料过程的粉尘逸散问题 
应用港口	全国沿海、内河干散货港口广泛应用

范例四　卸船料斗负压除尘工艺

卸船料斗负压除尘工艺是将负压除尘技术应用于卸船料斗，利用空气压力将卸料过程中逸散的粉尘吸入除尘器内进行除尘处理，同时回收有价值的粉尘货品。该工艺的主要设备、适用货种及工作原理详见表4.1-15。

卸船料斗负压除尘工艺说明表　　表4.1-15

项目	说明
主要设备	料斗、负压除尘系统
适用货种	煤炭、矿石、粮食、饲料、化肥、工业盐、矿建材料等各种干散货

续上表

<table>
<tr><th>项目</th><th>说明</th></tr>
<tr><td rowspan="2">工作原理
（图示）</td><td>卸船料斗负压除尘工艺利用空气压力将卸料过程中逸散的粉尘吸入除尘器内进行除尘处理，门座起重机抓斗从船舱中抓取散货物料，在移动料斗上方打开并放料，物料进入移动料斗的同时，粉尘随即反冲并向四周扩散，料斗顶端的吸风口将粉尘通过负压吸入风腔内，并传送至除尘器，除尘器吸收的粉尘通过螺旋绞龙进行收集处理，从而起到控制卸料过程的粉尘逸散作用</td></tr>
<tr><td>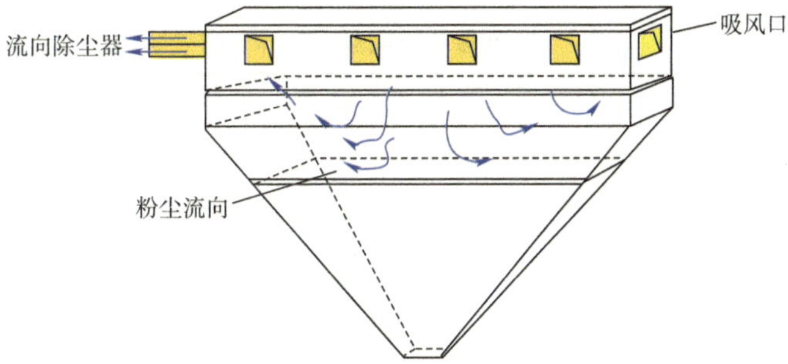

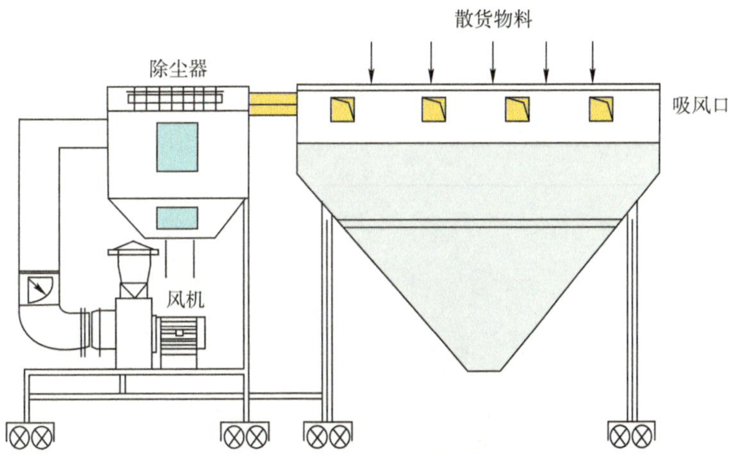

</td></tr>
<tr><td>应用港口</td><td>北部湾港</td></tr>
</table>

范例五　可移动旋风除尘料斗工艺

可移动旋风除尘料斗工艺是将旋风除尘系统与可移动料斗有机结合，实现卸料过程中的干式除尘。该工艺处理能力强，运行可靠，同时有利于回收有价值的粉尘货品。该工艺的主要设备、适用货种及工作原理详见表4.1-16。

可移动旋风除尘料斗工艺说明表　　表4.1-16

项目	说明
主要设备	可移动料斗、旋风除尘系统
适用货种	煤炭、矿石、粮食、饲料、化肥、工业盐、矿建材料等各种干散货
工作原理（图示）	可移动旋风除尘料斗工艺是将旋风除尘系统与可移动料斗组合，在卸料过程中达到有效抑尘目的。旋风除尘系统主要由旋风除尘器、风管、离心风机、手动风门、电动卸料阀等组成。工作时，门座起重机抓斗从船舱中抓取散货物料，在移动料斗的上方打开并放料，物料进入移动料斗的同时，离心风机运转，风门打开，粉尘随气流经过布置在料斗体四周的吸风口进入旋风除尘器，含尘气体在旋转过程中产生离心力，使密度大于气体的粉尘颗粒克服气流阻力移向边壁，颗粒与器壁接触，失去惯性力而在重力及旋转流体的带动下贴壁面向下滑落，最后从锥底排灰管排出旋风筒。该工艺收尘效率达85%以上，除尘效率达到99% 
应用港口	张家港港

范例六　移动防风喷淋抑尘料斗工艺

移动防风喷淋抑尘料斗工艺通过对传统料斗加装防尘网和干雾喷淋系统，实现卸料过程中湿法抑尘及粉尘逸散围挡。该工艺的主要设备、适用货种及工作原理详见表4.1-17。

移动防风喷淋抑尘料斗工艺说明表　　　　表4.1-17

项目	说明
主要设备	料斗、防尘网、干雾喷淋系统
适用货种	煤炭、矿石等可湿法抑尘的干散货
工作原理（图示）	移动防风喷淋抑尘料斗工艺是在传统移动料斗本体的基础上安装干雾喷淋环，喷雾颗粒小于7μm，可有效与粉尘颗粒结合，起到良好的降尘效果。同时在料斗本体四周安装防尘网，也可以进一步抑制装卸粉尘逸散

应用港口	天津港

范例七　速率可调式抑尘料斗工艺

速率可调式抑尘料斗工艺通过自适应可调节装置、分料装置等，控制入料与出料流量比，可以适应不同散料装卸效率要求，同时达到有效抑尘目的。该工艺的主要设备、适用货种及工作原理详见表4.1-18。

速率可调式抑尘料斗工艺说明表　　　　表4.1-18

项目	说明
主要设备	料斗、自适应可调节装置、分料装置
适用货种	煤炭、矿石、粮食、饲料、化肥、工业盐、矿建材料等各种干散货
工作原理（图示）	该抑尘料斗中设计有自适应可调节装置，配合分料装置，可以精准控制料斗入料与出料流量比，以适应不同的散料装卸效率。在物料下落过程中，物料在可调式无动力抑尘料斗出料口的外口处形成环形物料帘，从而将粉尘包裹在其内，可有效防止物料装车作业过程中的粉尘外溢。在入料流量波动较大或入料偏斜的情况下，使物料在外斗体内部形成堆积，从而降低出料速度，使得落料更加集中，并在料斗出料口的内口处形成均匀下落的料柱，有效防止粉尘外溢

续上表

项目	说明
工作原理（图示）	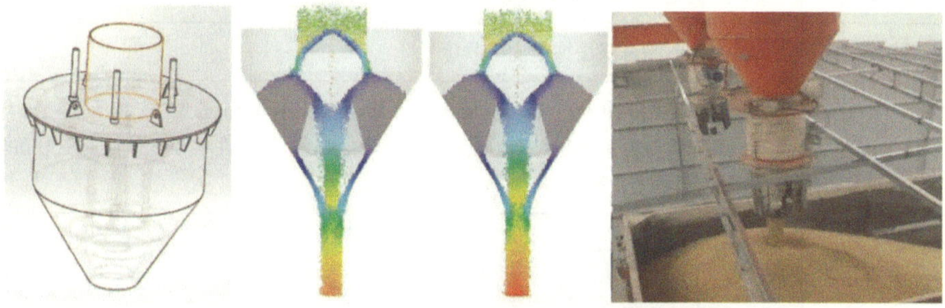
应用港口	—

范例八　卸船料斗抑尘板改造工艺

卸船料斗抑尘板改造工艺通过控制抓斗落料的高度与在散货料斗的内壁安装抑尘装置相配合的方式来实现。该工艺改造周期短、投资费用低、通用性高，能降低清扫人员工作量，并能够快速解决传统散货料斗装卸过程中的粉尘逸散问题。该工艺的主要设备、适用货种及工作原理详见表4.1-19。

卸船料斗抑尘板改造工艺说明表　　表4.1-19

项目	说明
主要设备	抑尘板
适用货种	煤炭、矿石、粮食、饲料、化肥、工业盐、矿建材料等各种干散货
工作原理（图示）	卸船料斗无动力抑尘改造工艺通过在散货料斗的内壁设置倾斜的挡板，在漏斗内壁四周形成阻挡，对因空气挤压产生的向上、向外的推力造成的扬尘进行阻挡。门座起重机抓斗从船舱中抓取散货物料，在料斗的上方打开放料，物料进入料斗的同时，散货小颗粒粉尘随即反冲并沿料斗内壁向四周扩散。根据扬尘产生的原因和扩散方向，通过在散货料斗内壁四周增加抑尘板来达到抑尘目的。当扬尘沿料斗内壁向上扩散时，两层抑尘板可将不同高度的扬尘阻挡在料斗内部。扬尘微粒受到抑尘板的阻隔后沿斗壁向下滑落，从而减少料斗口的扬尘。 料斗改造方式为在原有的散货料斗内壁四周加装抑尘装置，抑尘装置共有3层等间距的抑尘板，每层间距为1m。每层抑尘板又分为上、下两层，宽度从料斗口至下方落料口依次递减，上层宽度依次为500mm、400mm、300mm，下层宽度依次为247mm、201mm、154mm。上层抑尘板的倾斜度为29.68°和40°，下层抑尘板的倾斜度为45.68°和56°

续上表

<table>
<tr><th>项目</th><th>说明</th></tr>
<tr><td>工作原理
(图示)</td><td>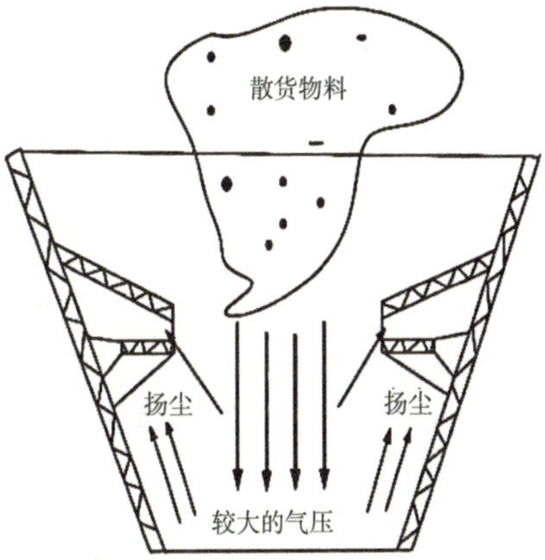

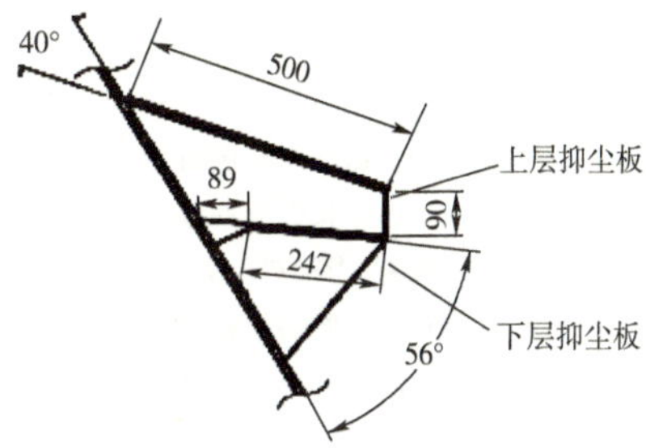

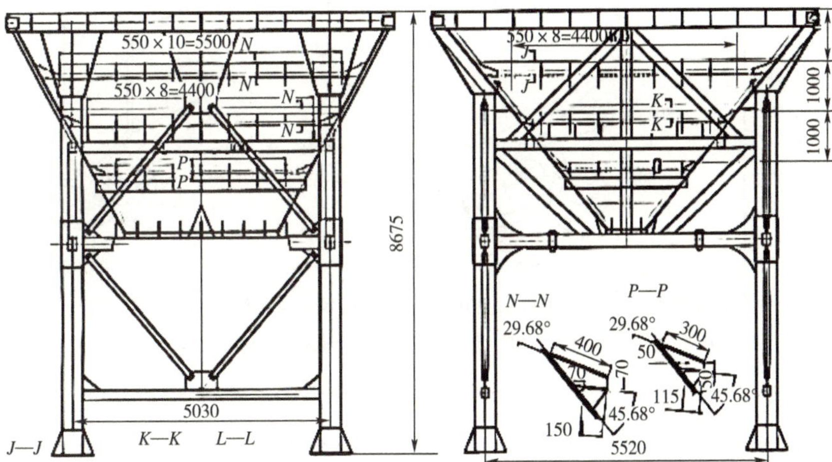

a) 改造前　　b) 改造后</td></tr>
<tr><td>应用港口</td><td>烟台港</td></tr>
</table>

范例九　散粮卸料吸尘料斗工艺

散粮卸料吸尘料斗工艺通过在料斗排料口设置除尘装置，实现散粮卸料过程中的有效除尘抑尘。该工艺的主要设备、适用货种及工作原理详见表4.1-20。

散粮卸料吸尘料斗工艺说明表　　表4.1-20

项目	说明
主要设备	料斗主体、排料口、吸尘装置
适用货种	粮食

续上表

项目	说明
工作原理（图示）	散粮卸料吸尘料斗工艺的料斗主体底端设置有排料口，排料口的外壁周向设置有贯穿至排料口内部的吸尘装置，主要用于对排料口端口排出的粮料进行吸尘。 排料口内部设置有转动机构，配套有环形过滤网，用于对粮料进行阻挡，避免粮料被吸尘机构吸入。 吸尘装置包括在排料品外壁周向成形的多个吸尘头，吸尘头内腔均与排料口内腔相互贯通，对转动机构的内腔进行全方位吸尘。 抓斗将抓取的粮料移动至接料斗主体的正上方进行卸料的过程中，粮料通过多个吸尘头进行初步吸尘，当粮料沿着接料斗主体的内壁掉落至排料口的内腔中时，启动风机，通过吸尘装置可对经过排料口内腔的粮料进行吸尘，同时通过环形过滤网进行过滤。该工艺在尽量避免粮料浪费的同时，可有效避免环形过滤网因粮料的堵塞导致无法吸尘的问题
	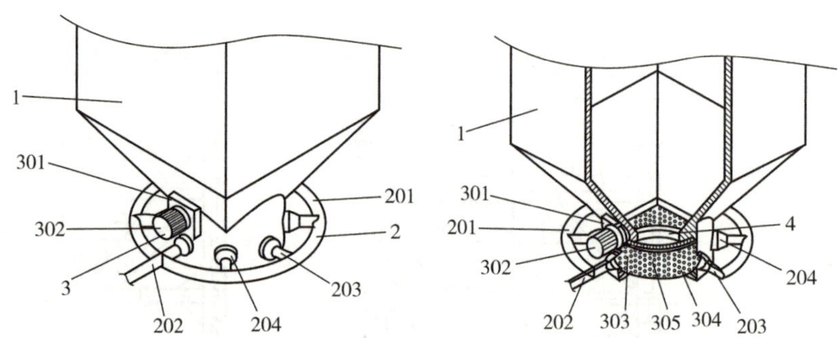 1-接料斗主体；2-吸尘机构；201-环形管；202-第一吸尘管；203-第二吸尘管；204-吸尘头；3-转动机构；301-安装座；302-电机；303-锥齿轮；304-环形过滤网；305-锥齿环；4-排料口
应用港口	铜陵港

范例十　自动卸料装车储料料斗工艺

自动卸料装车储料料斗工艺解决了传统料斗不具备储料中转功能、门座起重机卸船和转运车辆运转效率低、无人机交互系统及主动抑尘功能的问题，实现了散货装车过程自动化和抑尘自动化，散货随卸随运，减少流程环节，提高装卸作业效率，减少装卸粉尘污染。该工艺的主要设备、适用货种及工作原理详见表4.1-21。

自动卸料装车储料料斗工艺说明表　　表4.1-21

项目	说明
主要设备	超大型漏斗、喷雾装置、超声波传感器、料位传感器、车辆位置感应器、门座起重机抓斗传感器、水位感应器等
适用货种	煤炭、矿石、粮食、饲料、化肥、工业盐、矿建材料等各种干散货

续上表

<table>
<tr><th>项目</th><th>说明</th></tr>
<tr><td rowspan="2">工作原理
(图示)</td><td>自动装车储料料斗工艺是以"天圆地方"超大型漏斗为基础,设计研制一套以PLC为控制核心的超大型自动卸料装车储料料斗。转运料斗下端设有出料口,出料口设有可开闭的仓门,转运料斗下部空间能够通过转运车辆,转运车辆可以停放在转运料斗下部进行装料。
料斗包括与控制系统相连的仓门开关与检测系统、车辆定位指示人机互动系统、转运料斗物料料位检测及指示系统和安装于转运料斗上部的上喷雾装置、安装于转运料斗下部的下喷雾装置。
料斗仓门开关液压控制单元以PLC为核心,通过超声波传感器、微波雷达料位等采集单元,实现装车料斗料位、倒运车辆箱斗料位检测以及门座起重机抓斗位置监测。
自动控制系统可实现料斗仓门开、关自动控制及状态监测,完成物料智能装车。
采用蓝牙终端设备和Wi-Fi/低功耗蓝牙(BLE)基站,通过车辆位置感应器、物料指示灯、车辆指挥灯等使各机械操作人员能够及时了解设备作业状态,实现倒运车辆与装车料斗、门座起重机与装车料斗、倒运车辆与门座起重机之间的信息交互。
自动化喷雾抑尘控制模块通过抓斗位置感应器、车辆位置感应器、水位感应器等控制上、下喷雾装置,实现门座起重机抓斗卸料、转运料斗下料装车作业过程中的主动喷淋抑尘功能</td></tr>
<tr><td>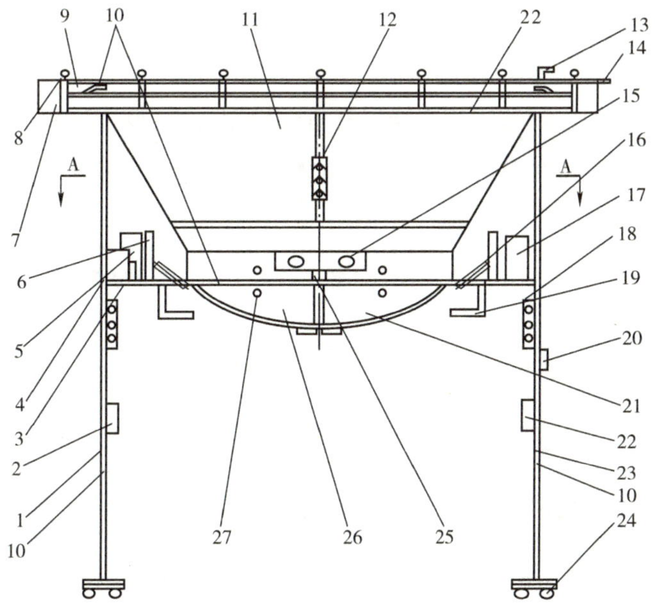
1-左前立柱;2-左测距仪;3-工作平台;4-压泵站;5-喷雾主机;6-油缸座;7-上检修通道;8-上喷雾装置;9-料位传感器;10-发光二极管(LED)指示灯;11-转运料斗;12-料位指示信号灯;13-门座起重机抓斗传感器;14-溢料指示灯;15-销轴;16-液压油缸;17-控制柜;18-车辆位置指示装置;19-下喷雾装置;20-手动控制箱;21-右仓门;22-右测距仪;23-右前立柱;24-行走车轮;25-防卡料装置;26-左仓门,27-仓门位置限位传感器</td></tr>
</table>

续上表

项目	说明
工作原理（图示）	
应用港口	日照港

范例十一　散料卸船自动化装车工艺

基于物联网技术、移动互联网以及自动控制技术，设计研发自动化装车系统，在卸船漏斗装车环节，实现了理货、装车全自动、“无人化”。该工艺的主要设备、适用货种及工作原理详见表4.1-22。

散料卸船自动化装车工艺说明表　　表4.1-22

项目	说明
主要设备	装车料斗、射频识别（RFID）车辆识别、4G无线通信、PLC自动控制、车辆定位监测、物料自动判断、车辆自动导引等技术
适用货种	煤炭、矿石、粮食、饲料、化肥、工业盐、矿建材料等各种干散货
工作原理（图示）	自动化装车系统主要由三个子系统组成。①车辆识别子系统。通过RFID等技术，实现了漏斗装车与集疏运系统的实时联控，提高了货运质量安全水平，实现了理货无人化。②自动装车子系统。改进装车漏斗结构、设计漏斗仓门开关液压控制单元；以PLC为核心，通过超声波传感器、微波雷达料位等采集单元，实现装车漏斗料位、倒运车辆箱斗料位检测以及门座起重机抓斗位置监测；自动控制漏斗仓门开、关及状态监测，完成物料自动装车。③手动装车子系统。该系统为原漏斗自带功能，通过2.4G无线遥控技术。 车辆驶入漏斗装车位后，RFID自动判断车辆装车授权是否正确；同时，自动装车子系统自动判断车辆位置是否符合装车要求；在满足车辆识别、车辆定位两个判断条件后，司机确认“可以装车”，装车漏斗自动开启进行装车；装车过程中，根据从集疏运系统中获取到的车辆数据（配载净重+车厢尺寸），通过物料传感器实时判断物料装载情况，在防止撒料的同时，以“容积×密度”的测算方式实现定量装车；装车全过程通过信号灯引导车辆移动

续上表

<table>
<tr><th>项目</th><th>说明</th></tr>
<tr><td>工作原理
（图示）</td><td>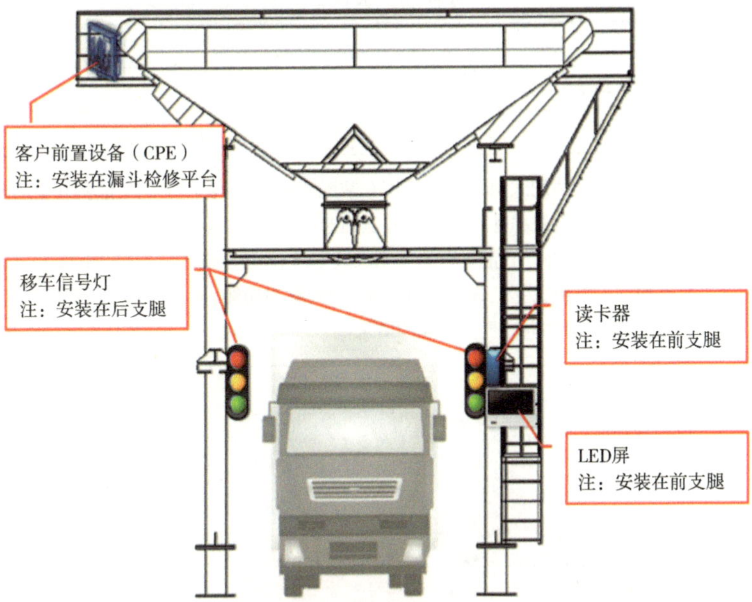

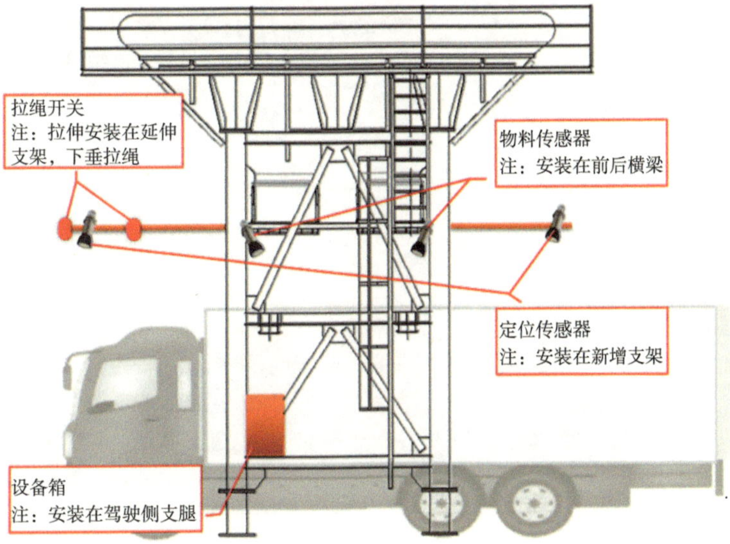
</td></tr>
<tr><td>应用港口</td><td>日照港</td></tr>
</table>

范例十二　可移动全装配式料斗工艺

可移动全装配式料斗工艺主要用于码头散货卸船的承接和下方卡车的装载，通过门座起重机抓斗将散货从船舱卸至料斗中，打开料斗下方闸门完成装车。该工艺的主要设备、适用货种及工作原理详见表4.1-23。

可移动全装配式料斗工艺说明表 表4.1-23

项目	说明
主要设备	可移动全装配式料斗
适用货种	煤炭、矿石、粮食、饲料、化肥、工业盐、矿建材料等各种干散货
工作原理（图示）	可移动全装配式料斗主体采用全装配式设计，主要用于码头散货卸船的承接和下方卡车的装载，通过门座起重机抓斗将散货从船舱抓起，运行至料斗上空，然后缓慢打开，使散货卸至料斗中。之后打开料斗下方闸门，散货自流并完成装车。该装置配套设置有特殊的双层斗外置式除尘系统，保证良好的抑尘效果。另外，设备具有整机转向、移动功能，使得轮船停泊和门座起重机作业具备相应的自由度，充分满足港口灵活作业的需求 
应用港口	阳逻港

范例十三　高架移动料斗与门座起重机组合工艺

高架移动料斗与门座起重机组合工艺采用高架移动料斗与门座起重机组合方式进行卸船作业，可以合理调节作业状态下门座起重机间距，最大限度保证同时作业门座起重机的数量，满足“一门机一舱口”的作业模式，极大提高装卸效率，保障作业安全。该工艺的主要设备、适用货种及工作原理详见表4.1-24。

高架移动料斗与门座起重机组合工艺说明表　　表4.1-24

<table>
<tr><th>项目</th><th>说明</th></tr>
<tr><td>主要设备</td><td>高架移动料斗</td></tr>
<tr><td>适用货种</td><td>煤炭、矿石、粮食、饲料、化肥、工业盐、矿建材料等各种干散货</td></tr>
<tr><td rowspan="2">工作原理
（图示）</td><td>大型通用散货码头为了提高卸船效率，往往采用“一门机一舱口”的设备配置模式，以15万～20万吨级散货船为例，9个舱口共配置9台门座起重机，作业时相邻门座起重机之间的间隔较近，只能有限地调整门座起重机位置及作业角度，在增加与门座起重机同轨的移动料斗后（暂按每台门座起重机带1个移动料斗），9个移动料斗合计占用门座起重机轨道长度约80m，而9台门座起重机合计占用轨道长度约200m，9台门座起重机和9个移动料斗合计占用轨道长度约280m，均远远大于15万吨级和20万吨级散货船的舱口长度210m和230m，而且这种布置方案门座起重机与相邻门座起重机之间距离太大，部分门座起重机中心位于舱口与舱口之间区域，作业角度不太理想而又无法调整，因此在这种作业模式下只能保证6～7台门座起重机同时正常作业，较传统通用作业模式的9台门座起重机少2～3台卸船设备，对于卸船效率影响较大。
采用高架移动料斗与门座起重机组合应用的卸船方案，移动料斗不与门座起重机同轨，利用码头皮带机栈桥上铺设的轨道进行行走，不占用门座起重机行走轨道范围。尤其对于轨距较大的码头，能够有效解决与门座起重机同轨的移动卸料料斗占用门座起重机行走轨道范围，导致门座起重机无法同时作业而降低抑尘效率的问题</td></tr>
<tr><td>
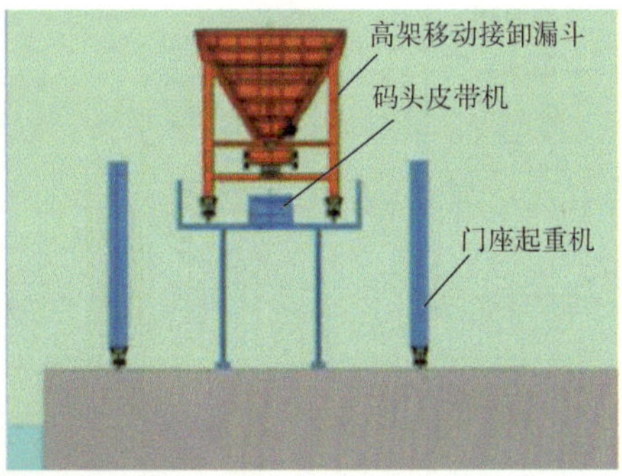

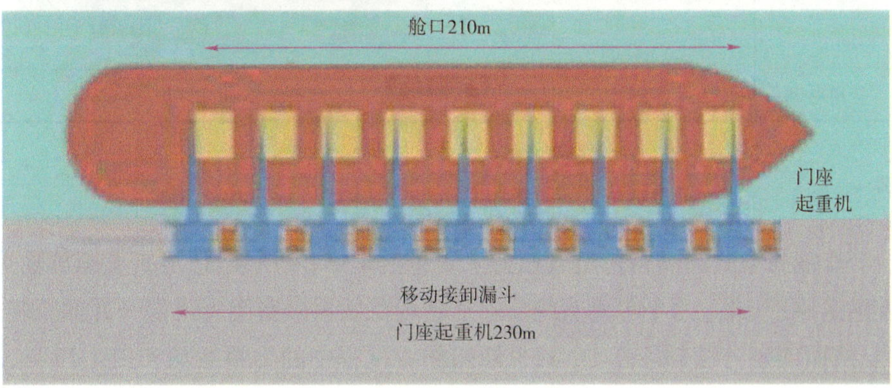
</td></tr>
<tr><td>应用港口</td><td>—</td></tr>
</table>

范例十四　移动式散货灌包工艺

移动式散货灌包工艺通过装包机、自动称重系统、输送机和除尘器等，实现定量称重、自动装袋及除尘，适用于多种物料和工作环境，是港口码头散货包装的理想选择，可以从根本上实现粉尘污染控制。该工艺的主要设备、适用货种及工作原理详见表4.1-25。

移动式散货灌包工艺说明表　　表4.1-25

项目	说明
主要设备	装包机、重力料斗、自动称重控制系统、输送机、缝包机、除尘器等
适用货种	水泥、粮食、化肥、饲料、散糖、工业盐等
工作原理（图示）	移动式散货灌包工艺可实现自动定量称重，通过输送设备将散货物料输送到灌包机的料斗中，灌包机自动完成取袋、开袋、装料、封口等一系列操作，实现散货物料以袋装形式的储存、运输，减少后续作业过程中的起尘。 在输送过程中，需要注意控制物料的流量，避免因过大或过小的流量导致物料的堆积或散落，从而影响称重的准确性

应用港口	—

范例十五　车载折叠式螺旋卸船工艺

车载折叠式卸船工艺组成设备主要包括车体、液压装置、可折叠螺旋输送机构，利用螺旋输送原理，通过水平与垂直螺旋输送将粉状物料经密闭管道提升并卸至转运车辆或料斗内，从而实现连续卸船作业，减少卸船作业过程中的物料撒落和粉尘污染。该装置移动方便，不作业时可随时开走，不需要占用码头面区域。该工艺的主要设备、适用货种及工作原理详见表4.1-26。

车载折叠式螺旋卸船工艺说明表 表4.1-26

项目	说明
主要设备	车体、液压装置、可折叠螺旋输送机、升降机构等
适用货种	水泥、粮食、饲料、化肥、煤炭、矿石等
工作原理（图示）	车载折叠式卸船工艺采用高效专用取料装置和高速螺旋输送机，经密闭管道将物料传输并卸至转运车辆或料斗内，实现连续提升并输送物料。船舱物料经旋转式进料装置进入垂直螺旋输送机，物料不断进入垂直螺旋输送机管道而被提升至臂架端部，经卸料口被转载至臂架旋转输送机上，最后经水平螺旋输送机转载至码头面的转载漏斗或车辆内  
应用港口	—

范例十六　轮胎移动式环保螺旋卸船工艺

轮胎移动式环保螺旋卸船工艺的设备主要包括卸料装置和行走装置，利用螺旋输送原理，通过水平与垂直螺旋输送装置将粉状物料经密闭管道提升至码头并直接装车，实现连续卸船装车作业，减少卸船作业过程中的物料撒落和粉尘污染。该工艺的主要设备、适用货种及工作原理详见表4.1-27。

轮胎移动式环保螺旋卸船工艺说明表　　表4.1-27

<table>
<tr><th>项目</th><th>说明</th></tr>
<tr><td>主要设备</td><td>卸料装置、行走装置</td></tr>
<tr><td>适用货种</td><td>水泥、粮食、饲料、化肥、煤炭、矿石等</td></tr>
<tr><td rowspan="2">工作原理
（图示）</td><td>轮胎移动式环保螺旋卸船工艺的卸料装置利用螺旋输送原理，通过水平与垂直螺旋输送装置将粉状物料经密闭管道提升至码头并直接装车，实现了卸船装车作业全过程密闭。
行走装置包括轮胎移动车架，用于安装卸料总成，轮胎移动车架右侧的两个支撑架共同滑动连接着牵引架，牵引架和支撑架之间设有驱动装置；在停车时，驱动装置驱动上制动片和下制动片靠近并抱住移动轮胎的轮轴；在行车时，驱动装置驱动上制动片和下制动片背离；设备通过支撑液压缸支撑，不会影响重心的位置，提供稳固支撑，避免翻车现象；同时能够将冲击能迅速转化，及时将整车平稳停止，保证高效、安全地开展卸船工作。
该装置可以实现粉状物料的密闭连续卸船装车，提高作业效率，同时有效减少装卸过程中的粉尘逸散和撒漏</td></tr>
<tr><td> </td></tr>
<tr><td>应用港口</td><td>—</td></tr>
</table>

范例十七　气力式除尘卸船工艺

气力式除尘卸船工艺是将除尘器与气力式卸船机有机结合，实现了连续卸载、全封闭输送以及同步除尘，能够轻松卸载大豆、玉米等粮食及水泥熟料等多品种轻质散料，同时可根据码头实际情况设计成固定式、轨道式或轮胎式。该工艺的主要设备、适用货种及工作原理详见表4.1-28。

气力式除尘卸船工艺说明表 表4.1-28

<table>
<tr><th>项目</th><th>说明</th></tr>
<tr><td>主要设备</td><td>气力式卸船机、除尘器、无动力抑尘料斗</td></tr>
<tr><td>适用货种</td><td>水泥、粮食、化肥、散糖等</td></tr>
<tr><td rowspan="2">工作原理
（图示）</td><td>气力式卸船机采用多级涡轮风机，搭载变频电机，利用风机在管道中形成的负压流，从船舱内吸卸散装物料，可以根据物料的不同自适应风压和风量，有效节省设备运行能耗。除尘器将重力分离和滤袋分离技术相结合，采用特有的除尘筒和褶皱式滤袋设计，同时通过增加2倍以上的过滤面积，使设备的除尘效果翻倍。此外，该工艺在卸料出口处应用新型无动力抑尘料斗，能够在作业过程中自动适应来料流量，让落料更加集中，并在料斗出料口的内口处形成均匀下落的料柱，解决落料时粉尘外溢的问题。
针对水泥易板结的物料特性，该气力式卸船机采用4节液压俯仰臂架设计，配合新型旋转动力吸嘴，既能打散积块物料，又能够有效吸取船舱死角残留的水泥，在提高作业效率的同时大大减少清仓量。
为保证粮食输送的完整性，气力式卸船机采用自适应吸嘴和可拆卸式防磨损弯管，可实时检测和自动调整吸嘴插入物料的深度，用自动化技术替传统的人工操控，提高工作效率，并且使物料经过弯管时在弯管外侧内壁形成一层过渡圆滑的物料防磨层，降低物料破碎的概率，提高粮食输送质量</td></tr>
<tr><td>

</td></tr>
<tr><td>应用港口</td><td>—</td></tr>
</table>

范例十八　斗式密封输送工艺

斗式密封输送机工艺将管道、斜槽和提升机等结合应用，实现散货密闭输送。作业效率高，占地小，全过程密闭输送，同时配套有除尘装置，避免物料撒落和粉尘逸散。该工艺的主要设备、适用货种及工作原理详见表4.1-29。

斗式密封输送工艺说明表　　表4.1-29

项目	说明
主要设备	空压机、管道、斜槽、提升机、脉冲布袋除尘器
适用货种	煤炭、矿石、粮食、饲料、化肥、工业盐、矿建材料等各种干散货
工作原理（图示）	斗式密封输送工艺通过空压机气体输送，利用管道、斜槽和提升机把粉料提升到储存罐顶，粉料通过下料口直接装入罐车中，装车流程全自动，整个粉料输送系统均为密闭负压输送，且配套设置脉冲布袋除尘器，对收集到的粉尘进行有效处理

应用港口	广州港

范例十九　多功能清舱工艺

多功能清舱工艺通过在挖掘装载机基础上加装物料铲堆清扫和收集功能，实现港口船舶清舱的机械化，解决传统清舱作业困难、需要人工借助扫帚和铁锨等简单工具进行清理等问题，减少作业安全隐患，提升船舶清舱工作效率，且针对一些冻料清除效果更好。该工艺的主要设备、适用货种及工作原理详见表4.1-30。

多功能清舱工艺说明表　　表4.1-30

项目	说明
主要设备	挖掘装载机、液压快换装置、快换铲斗、封闭式清扫器、激振清料器等
适用货种	煤炭、矿石、粮食、饲料、化肥、工业盐、矿建材料等各种干散货
工作原理（图示）	散货船舶多功能清舱工艺由1个作业平台和4种工作装置组成，挖掘装载机作为基础平台，前端加装液压快换装置、快换铲斗、封闭式清扫器、激振清料器等，尾端配置加大铲斗。 挖掘装载机标配四轮驱动，越野能力强，加长臂，操作半径大，四轮钳盘制动，制动安全可靠。设置全视野、全密封司机室，隔音减震，悬浮式座椅，操作灵活。其转弯半径小，尤其能满足在狭小的船舱底部的施工要求。前端挂装不同工作装置，可用于船舶清舱清料、归堆、收集作业。 液压快换装置安装在挖掘装载机前面，使装载机可以快速地更换多种配套机具，实现一机多能。液压控制锁定、解锁，不需要额外辅助人员，使用方便、快捷、高效。 快换铲斗与挖掘装载机可以实现快速拆装，在工作过程中可以实现松散物料的装载，搬运，简单高效，使用灵活，斗容可至$3m^3$、结构强度高。 封闭式清扫器清扫路面及舱内余料并收集在集料斗内，放到指定位置。 折叠伸缩式激振清料器由主臂、折叠臂、伸缩臂、激振清料铲组成，配合主机最大伸出高度大于12m，满足舱壁、舱角、肋板、人梯等部位积料、粘料、冻料的清理。 散货船舶多功能清舱工艺工作过程如下：①挖掘装载机通过连接液压快换，实现对激振清料铲的快速安装（1min之内完成）。司机操作挖掘装载机实现对机具的控制，激振清料铲端部可换装扁铲、液压镐等不同的工作头，配合照明系统和影像系统，在伸缩臂展开的状态下，操作控制手柄，能够将处于船舱内壁、舱角、肋板、人梯等处的粘料清除下来。待船舱中间及顶部物料全部掉落至舱底时，操控挖掘装载机尾部的挖掘铲斗，对落下来的物料进行堆放、收拢。对于处于坡面上的料堆，则依靠加大挖斗和加长臂的优势移至坡底，至此所有物料全部集中在船舱底部的四周。②操作挖掘装载机和液压快换直接挂装快换铲斗，将处于舱底四周的物料全部铲送至船舱中间部位（抓斗便于抓取），船舱底部仍然存留大量的物料无法有效清除。③将封闭式清扫器通过液压快换快速地连接在挖掘装载机上，针对舱底存留的少许物料进行清扫，此时封闭式清扫器具有密封、抑尘的效果，将物料扫入集料斗内，在船舱中间部位卸料，保证抓斗能够有效抓取。同时，待抓斗将船舱中间物料清理至极限时，封闭式清扫器可将剩余物料清扫干净，随同缆绳一同升入甲板上

续上表

项目	说明
工作原理 （图示）	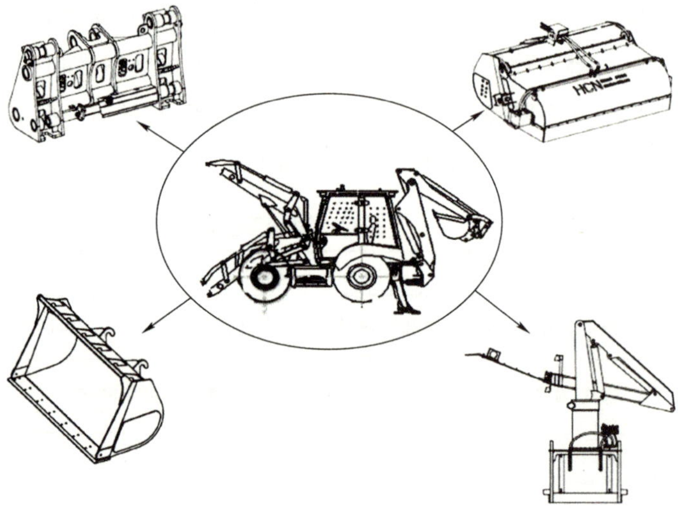  
应用港口	唐山港

4.1.3 装车

通过系统梳理通用散货码头常用装车工艺及设备，结合资料调研和现场调研结果，整理可参照性装车工艺范例如下。

范例一 散货装车给料工艺

散货装车给料机主要由接卸料斗、格栅、皮带机、导料槽防尘罩、驱动装置等组成，可配合装载机进行装车作业，物料进入接卸料斗后滑落至皮带机导料槽并转运至移动式皮带机上，实现连续装车。该工艺适应性强，可以完成多种散装物料的给料；给料均匀稳定，呈线性输出，作业效率高；料斗体上部斗口设计尺寸较大，八角形设计不易积料，避免物料堵堵、撒漏的情况。该工艺的主要设备名称、适用货种及工作原理详见表4.1-31。

散货装车给料工艺说明表　　表4.1-31

项目	说明
主要设备	接卸料斗、格栅、皮带机、导料槽防尘罩、驱动装置等
适用货种	煤炭、矿石、粮食、饲料、化肥、工业盐、矿建材料等各种干散货
工作原理（图示）	散货装车给料机由接卸料斗、格栅、皮带机、导料槽防尘罩、驱动装置等组成。工作时，装载机从堆垛铲取散货物料，举升至料斗上方并放料，物料进入接卸料斗后依靠重力向下滑落，从料斗小口进入皮带机导料槽，转运至移动式皮带机上，实现连续装车

应用港口	—

范例二　装车料斗自动开闭工艺

装车料斗自动化开闭工艺利用设备的电气控制原理，统计测算每次料斗开闭时间和车辆位移，采用PLC控制系统实现对散货装车的精准控制，提高装车效率，减少倒运次数。该工艺的主要设备名称、适用货种及工作原理详见表4.1-32。

装车料斗自动开闭工艺说明表 表4.1-32

项目	说明
主要设备	料斗、光电开关、红外线、PLC控制系统
适用货种	粮食
工作原理（图示）	参照设备的电气控制原理和装置，确定以光电开关为载体，以红外线为智能控制信号源，信号灯颜色转换与料斗开闭动作联锁。采用XUX5A光电开关，通过测算料斗和倒运车的各项参数，统计测算每次料斗开闭时间和车辆位移，采用PLC程控实现对粮食装车的精准控制、降低故障率的目标  
应用港口	岚桥港

范例三　门架式履带抓料工艺

门架式履带抓料工艺通过严密的抓斗设计和作业半径的延伸，降低机械移动频率，可极大提高散货装卸效率，覆盖更多的作业面积，适用于更多的作业工况。门架式履带抓料机门架可通过火车、自卸车，可实现原地转向、爬坡等操作。该工艺的主要设备名称、适用货种及工作原理详见表4.1-33。

门架式履带抓料工艺说明表　　表4.1-33

项目	说明
主要设备	门架式履带抓料机
适用货种	煤炭、矿石、粮食、饲料、化肥、工业盐、矿建材料等各种干散货
工作原理（图示）	门架式履带抓料机依靠门架履带底盘实现行走、转向功能，液压系统控制臂架调整作业距离、方位，最后通过抓斗对散货物料的抓取进行装卸

应用港口	宿迁港

范例四　履带式斗轮装车工艺

履带式斗轮装车工艺组成主要包括斗轮机构、取排料带式输送机、履带行走系统，实现了电动化连续取料装车作业，减少流动机械设备燃油消耗。该工艺的主要设备名称、适用货种及工作原理详见表4.1-34。

履带式斗轮装车工艺说明表　　表4.1-34

项目	说明
主要设备	斗轮机构、取排料带式输送机、履带行走系统等
适用货种	煤炭、矿石、粮食、饲料、化肥、工业盐、矿建材料等各种干散货
工作原理（图示）	履带式斗轮装车系统由斗轮机构、取排料带式输送机、履带行走系统组成，仅需1人无线遥控操作即可作业，完美实现人机分离，将间断装车变为连续装车，取料装车能力达1000t/h，相比于1台装载机装车效率提升67%  
应用港口	青岛港、嘉兴港

范例五 360°翻转吊具装车工艺

360°翻转吊具装车工艺可搭配多种品牌的标准型正面吊使用，可将敞顶箱进行360°旋转，实现快速倒装和快速卸料。该工艺的主要设备名称、适用货种及工作原理详见表4.1-35。

360°翻转吊装车工艺说明表 表4.1-35

项目	说明
主要设备	360°翻转吊具
适用货种	煤炭、矿石、粮食、饲料、化肥、工业盐、矿建材料等全部干散货
工作原理（图示）	360°翻转吊具是一种可将20ft敞顶箱进行360°旋转的吊具，可搭配多种品牌的45t标准型正面吊。额定起重量36t，可适用于集装箱和敞车之间的快速倒装以及敞顶箱散料的快速卸料，具有一键抖动功能，能彻底解决散料卸料不彻底问题。 360°翻转吊具倾倒旋转过程中可配套设置干雾抑尘系统，能够有效抑制卸料过程中的粉尘污染，同时实现散货卸料作业全程不落地、无撒漏

应用港口	—

范例六　镍矿集装箱装车工艺

镍矿装卸集装箱装车工艺采用“敞顶不粘+装运隔离”工艺，对装载和运输实施有效隔离，从根本上解决了镍矿装车运输过程中的轮胎粘带和车厢撒漏问题。该工艺的主要设备名称、适用货种及工作原理详见表4.1-36。

镍矿集装箱装车工艺说明表　　表4.1-36

项目	说明
主要设备	防黏抓斗、专用箱、装载机、正面吊、汽车等
适用货种	镍矿
工作原理（图示）	“敞顶不粘+装运隔离”工艺，在自主创新的防黏抓斗设计思路基础上，定制内侧添加防黏涂层的专用箱，并在堆存区外设置清洁区、重箱区和空箱区，对装载和运输实施有效隔离，从根本上解决了轮胎粘带和车厢撒漏问题。该工艺实行标准化装车，避免了常规汽运装车过程中由于超载、亏载等造成的添减载问题，大幅减少了车辆在港停时。利用敞顶箱可以“先装备取”的特点，疏港车辆到港后，直接在空箱区卸载，到重箱区装箱，节省过程中的时间，发货效率高。通过设备和工艺的双重革新，实现了港口输运过程的全面优化，单车运输能力大幅提高
	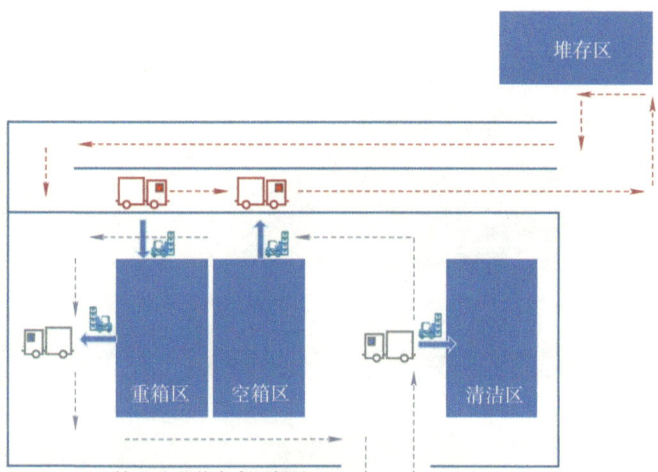 镍矿疏港装车专用场地 

续上表

项目	说明
工作原理（图示）	
应用港口	日照港

范例七　镍矿作业防黏结铲斗工艺

镍矿作业防黏结铲斗主要由铲斗车体、防护层、固定扁铁和固定配重块等组成，利用铲斗内增设活动式防护层和配重块，卸料过程中，在固定扁铁和固定配重块的重力作用下，防护层从铲斗向外翻转抛出，将铲斗内的镍矿抛出铲斗外，而不会粘在铲斗中，从而实现有效防止镍矿在铲斗残留黏结，提高装车效率。该工艺的主要设备名称、适用货种及工作原理详见表4.1-37。

镍矿作业防黏结铲斗工艺说明表　　表4.1-37

项目	说明
主要设备	铲斗、防护层等
适用货种	镍矿
工作原理（图示）	镍矿作业铲斗的防黏结装置包括第一防护层、第二防护层。第一防护层的上端由第一固定扁铁固定在铲斗上端，第一防护层的下端和第二防护层的上端由第二固定扁铁固定连接；第二防护层的下端固定在铲斗下端，第二防护层设置有固定配重块。 在使用时，首先启动轮式装载机，将镍矿铲入铲斗内，即将镍矿装入铲斗内。然后，向下翻转铲斗，在第二固定扁铁和固定配重块的重力作用下，第一防护层和第二防护层从铲斗向外翻转抛出，将铲斗内的镍矿抛出铲斗外，即将铲斗内的镍矿卸掉，而不会粘在铲斗中。当铲斗再次向上收起时，在第二固定扁铁和固定配重块的重力作用下，以及固定拉链对第一防护层和第二防护层的牵引力作用下，第一防护层和第二防护层从铲斗外回落至铲斗内。如此反复操作，即可完成镍矿装卸

续上表

项目	说明
工作原理（图示）	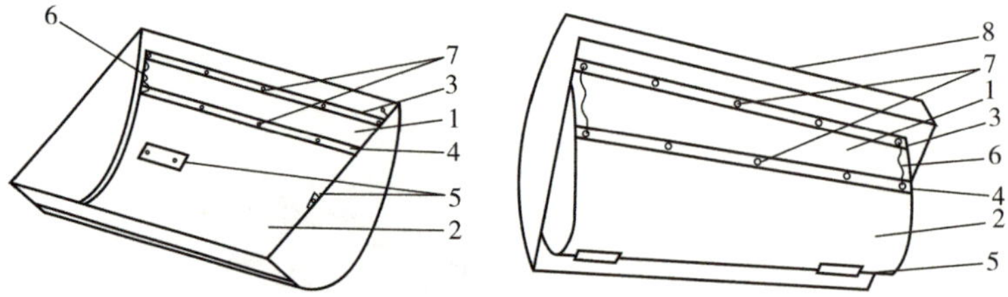 1-第一防护层;2-第二防护层;3-第一固定扁铁;4-第二固定扁铁;5-固定配重块;6-固定拉链;7-固定螺栓;8-铲斗
应用港口	日照港

范例八　自行式智能装车机组工艺

自行式智能装车机组主要由底盘系统、行走系统、输送系统、动力传动系统、控制系统等组成，运输车辆可通过装车机组直接装火车，省去“货物落地-计重装载机装车”作业环节，作业前无须提前在火车站台备货，火车站台场地无须频繁清扫和洒水防尘，火车可在卸车的同时进行装车作业，可随时进行作业货种变换、装卸方式变换。该工艺的主要设备名称、适用货种及工作原理详见表4.1-38。

自行式智能装车机组工艺说明表　　表4.1-38

项目	说明
主要设备	底盘系统、行走系统、输送系统、动力传动系统、控制系统等
适用货种	煤炭、矿石、粮食、饲料、化肥、工业盐、矿建材料等各种干散货
工作原理（图示）	自行式智能装车机组主要由底盘系统、行走系统、输送系统、动力传动系统、控制系统等部分组成，运输车辆可通过装车机组直接装火车，无须货物落地。 自行式智能装车机组由自身柴油发动机提供全车动力，车辆承载平台设计承载能力120t，工作平台高度1.2m，上下爬臂角度8°，可满足输送带自卸车满载上下装车机的需要。 火车装车作业时，输送带自卸车进入作业平台作业位置后，爬臂自动收起，工作平台以2.8m/min的速度沿火车线行进，实现货物装车。卸货完毕后，爬臂自动放下。车辆承载平台与输送带自卸车配合可快速、连续、均匀装火车，1辆输送带自卸车可装满1节火车车厢。 自行式智能装车机组装车作业流程为：计重装载机在堆场将所需重量货物装入输送带自卸车，自卸车将货物运输到火车站台并驶入自行式智能装车机组实施装火车作业。输送带自卸车通过车辆爬臂驶入自行式智能装车机组；智能装车机组检测到输送带自卸车到达指定位置后，下料口盖板自动打开，车辆爬臂自动收回，自卸车后盖板打开并开始卸货，自卸车车厢限流板确保料流平稳，装车机组行进装车；单节车厢装车作业完毕后，智能装车机组停止行进，车辆爬臂自动放下，输送带自卸车驶离装车机组，一节车厢作业完毕

续上表

项目	说明
工作原理（图示）	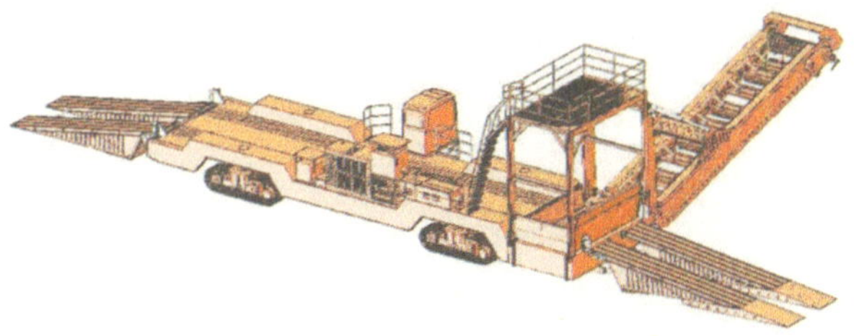
应用港口	龙口港

4.1.4　卸车

通过系统梳理通用散货码头常用卸车工艺及设备，结合资料调研和现场调研结果，整理可参照性卸车工艺范例如下。

范例　火车车厢链斗式卸车工艺

火车车厢链斗式卸车工艺采用“链斗传送+脉冲除尘”的工作原理和工作方式，通过链斗机构将车厢内的物料挖取并提升到一定高度后，翻转并卸入机上输送机，通过输送机将物料输送到车厢侧旁堆料。该工艺可大幅提高卸车效率，降低粉尘污染，减少物料撒落。该工艺的主要设备名称、适用货种及工作原理详见表4.1-39。

火车车厢链斗式卸车工艺说明表　　表4.1-39

项目	说明
主要设备	斗轮机构、臂架带式输送机、大车行走机构、链斗升降机构等
适用货种	煤炭、矿石、粮食、饲料、化肥、工业盐、矿建材料等各种干散货
工作原理（图示）	火车车厢链斗式卸车机是一种专门设计用于从火车车厢中卸载干散料的高效设备，该设备采用“链斗传送+脉冲除尘”的基本工作原理和工作方式，通过链斗机构将车厢内的物料挖取并提升到一定高度，然后翻转并将物料卸入机上输送机，最终通过输送机将物料输送到车厢侧旁堆料。在此过程中，脉冲除尘装置能够对装卸过程中的粉尘进行有效控制。 斗轮机构是设备中负责取料的部分，主要包括斗轮、斗子、圆弧挡料板、卸料板、斗轮轴、轴承座、轮体等。臂架带式输送机装在前臂架上，采用一字形布置，负责将物料从斗轮机构输送到卸载区域。皮带有双向运营，配有自动稳压调偏装置和打扫器，以确保皮带的稳定运行并延长其使用寿命。在链斗卸车机中，大车行走机构沿轨道行走至待卸车厢的一端，链斗升降机构将链斗下降到车厢内的物料面，链斗将物料挖取并提升到一定高度，链斗翻转并将物料卸入机上输送机。 根据不同的作业环境，该卸车机可以采用固定式或履带式（可移动式），并且可根据需要配置附件系统，如集成电控柜、无线遥控器、空气压缩机等。链斗卸车机的单机卸车效率通常在300～400t/h，在1h内可以接卸5～6节敞车。链斗卸车机在处理干散料方面具有较高的效率和能力，但对于某些特定类型的物料，尤其是黏度高、水分大的物料，它的卸载效果可能有限。此外，即使对于适宜的物料，也可能需要人工清仓作业来确保车厢完全清空

续上表

项目	说明
工作原理（图示）	
应用港口	济宁港

4.1.5 水平运输

通过系统梳理通用散货码头常用水平运输方式，结合资料调研和现场调研结果，整理可参照性水平运输工艺范例如下。

范例一　一体化储运工艺

一体化储运工艺即堆场完全采用大料堆的方式进行煤炭、矿石、砂石等散货堆存，作业采用流动机械进行堆取作业。该工艺的主要设备名称、适用货种及工作原理详见表4.1-40。

一体化储运工艺说明表　　表4.1-40

项目	说明
主要设备	履带式斗轮取料机、移动转载机、移动堆料机
适用货种	煤炭、矿石、粮食、饲料、化肥、工业盐、矿建材料等各种干散货
工作原理（图示）	一体化储运工艺，即堆场完全采用大料堆的方式进行煤炭、矿石、砂石料等散货物料堆存，作业采用流动机械进行堆取作业。为对应码头装卸船工艺流程，能够保证散货快速中转作业，采用大能力的“履带式斗轮取料机+移动转载机+移动堆料机”组合的流动作业方式分别对应装卸船作业。一体化储运工艺在国外矿山应用较为广泛，可有效利用土地资源，进一步提高堆存容量 
应用港口	—

范例二　运输车辆平推式折叠硬质盖板车厢工艺

运输车辆平推式折叠硬质盖板车厢工艺的主要设备名称、适用货种及简介详见表4.1-41。

运输车辆平推式折叠硬质盖板车厢工艺说明表　　表4.1-41

项目	说明
主要设备	平推式折叠硬质盖板车厢
适用货种	煤炭、矿石、粮食、饲料、化肥、工业盐、矿建材料等各种干散货
工作原理（图示）	平推式折叠硬质盖板车厢的技术优势主要为占用空间小、自重轻，运输过程中物料全封闭，无物料撒落及粉尘逸散，且可有效防止超限。缺点为装车完成后需要用装载机重新抹平物料表面，才能使盖板顺利合上

续上表

项目	说明
工作原理 （图示）	 
应用港口	—

范例三　运输车辆摇臂式整体前移盖板车厢工艺

运输车辆摇臂式整体前移盖板车厢工艺的主要设备名称、适用货种及简介详见表4.1-42。

运输车辆摇臂式整体前移盖板车厢工艺说明表　　表4.1-42

项目	说明
主要设备	摇臂式整体前移盖板车厢
适用货种	煤炭、矿石、粮食、饲料、化肥、工业盐、矿建材料等各种干散货
工作原理 （图示）	摇臂式整体前移盖板车厢的技术优势主要在于装载效率高、允许货厢内渣土冒尖甚至稍微超高，渣土装好盖上就能开走。缺点为盖板打开时所占的空间非常大，由于结构的因素，盖板打开需要往前探出2~3m的距离，对场地有所要求，使得装有此类盖板的车型在某些狭窄空间中不能使用

续上表

项目	说明
工作原理 （图示）	 
应用港口	—

范例四　运输车辆整体侧开式盖板车厢工艺

运输车辆整体侧开式盖板车厢工艺的主要设备名称、适用货种及简介详见表4.1-43。

运输车辆整体侧开式盖板车厢工艺说明表　　表4.1-43

项目	说明
主要设备	整体侧开式盖板车厢
适用货种	煤炭、矿石、粮食、饲料、化肥、工业盐、矿建材料等各种干散货
工作原理 （图示）	整体侧开式盖板车厢的技术优势主要在于密闭性好，保证在运输过程中不会造成物料撒落或扬尘污染；使用方便，顶盖系统能够在较短时间内正常打开和收起；体积小，自重轻

续上表

项目	说明
工作原理（图示）	
应用港口	—

范例五　运输车辆折叠侧开式盖板车厢工艺

运输车辆折叠侧开式盖板车厢工艺的主要设备名称、适用货种及简介详见表4.1-44。

运输车辆折叠侧开式盖板车厢工艺说明表　　表4.1-44

项目	说明
主要设备	折叠侧开式盖板车厢
适用货种	煤炭、矿石、粮食、饲料、化肥、工业盐、矿建材料等各种干散货
工作原理（图示）	折叠侧开式盖板车厢的技术优势主要在于密闭性好，保证在运输过程中不会造成物料撒落或扬尘污染；使用方便，顶盖系统能够在较短时间内正常打开和收起；体积小，自重轻。为减轻自重，折叠侧开式的顶盖会采用苫布来代替钢板结构，但稳定性不如钢板顶盖

应用港口	—

范例六　运输车辆链条传动式篷布苫盖车厢工艺

运输车辆链条传动式篷布苫盖车厢工艺的主要设备名称、适用货种及简介详见表4.1-45。

运输车辆链条传动式篷布苫盖车厢工艺说明表　　表4.1-45

项目	说明
主要设备	链条传动式篷布苫盖车厢
适用货种	煤炭、矿石、粮食、饲料、化肥、工业盐、矿建材料等各种干散货
工作原理（图示）	折叠侧开式盖板车厢的技术优势主要在于改装成本低、减少车厢占宽和后视镜盲区；密闭性好，保证在运输过程中不会造成物料撒落或扬尘污染；使用方便，顶盖系统能够在较短时间内正常打开和收起；体积小，自重轻

应用港口	—

范例七　泊位—堆场网格化联合分配工艺

泊位—堆场网格化联合分配工艺通过优化港口资源配置，降低船舶在港时间和作业成本，提高港口运行效率，同时堆场网格化为实现港口精益化和柔性化管理奠定基础。该工艺的主要设备名称、适用货种及工作原理详见表4.1-46。

泊位—堆场网格化联合分配范例 表4.1-46

项目	说明
主要设备	联合优化思想及网格化策略
适用货种	煤炭、矿石、粮食、饲料、化肥、工业盐、矿建材料等各种干散货
工作原理 (图示)	基于联合优化思想及网格化策略,构建以泊位选择、机械配置、堆放位置为变量,以船舶在港时间和作业成本最小为目标的双目标联合分配优化模型。其次,根据模型特点设计和改进NSGA-Ⅱ算法,运用测试函数验证了改进算法在解的均匀分布、收敛等方面的性能。最后,通过算例分析得到前沿非劣解,并运用性价比法求得帕累托最优解,进而对比分析联合分配与单独分配所得的最优方案。 联合分配的实现途径从集成作业流程、集成作业信息以及集成作业管理三个方面的集成入手,三者相辅相成。 (1)作业流程的集成。 码头作业环节主要包括船舶靠泊、卸船作业、水平运输作业、堆场作业等,各环节既有独立性又相互衔接,因此作业流程的集成主要是指依据码头生产作业流程各环节的完整性和协同性提高效率。作业流程的集成有利于完成各作业环节目标的一致协调性,在有限的空间设备资源下优化船舶的在港停留时间和成本,提高服务效率。 (2)作业信息的集成。 码头作业信息的集成是指码头船舶到港、泊位可用性状态、干散货流动及堆场空白可用料垛等各信息资源的整合与共享,降低码头管理中出现信息孤岛的可能性,有利于资源调派指令的直达性。码头资源的调派都是根据信息进行传递与反馈,因此,作业信息的集成使得任务信息的处理过程更加顺畅流通,有利于减少重要信息处理的时滞性和不确定性,从而提高码头作业的效率,降低作业成本。 (3)作业管理的集成。 港口作业管理的集成主要是指码头各集成要素之间的协同作用。在作业信息集成的基础上,考虑船舶货物要素、码头基础设施要素、空间及时间资源要素等,通过将管理思想与信息方法工具相结合,以在有限资源下尽可能展现出集成的功能与优势,最终提升码头的作业效率 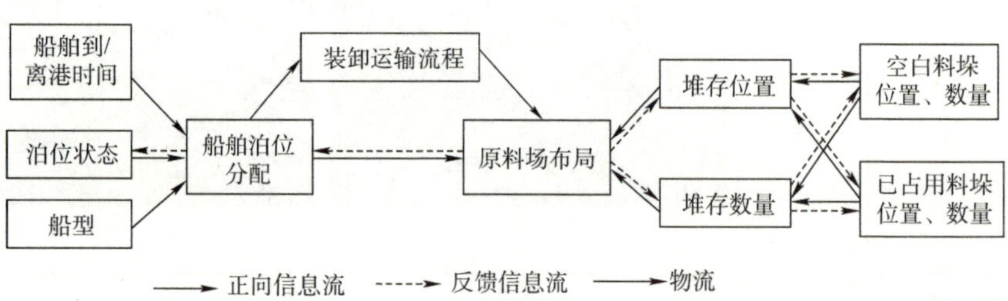
应用港口	日照港

4.1.6 堆取料

通过系统梳理通用散货码头堆场常规堆取料作业工艺和设备,结合资料调研和现场调研结果,整理可参照性堆取料作业装置范例如下。

范例一　滑移装载机

滑移装载机主要由轮式行走机构、铲斗、液压装置等组成，可于作业现场随机快速更换或挂接各种工作装置。该装置工作效率高，能够适用于多种恶劣工况、狭小空间、地面起伏不平、作业内容变换频繁的场所。本装置的主要设备名称、适用货种及工作原理详见表4.1-47。

滑移装载机说明表　　表4.1-47

项目	说明
主要设备	轮式行走机构、铲斗、液压装置等
适用货种	煤炭、矿石、粮食、饲料、化肥、工业盐、矿建材料等各种干散货
工作原理（图示）	滑移装载机是一种利用两侧车轮线速度差实现车辆转向的轮式专用底盘设备。采用轮式行走机构，全轮驱动，滑移转向，可于作业现场随机快速更换或挂接各种工作装置，以适应不同的工作环境和作业内容。目前，市面上已经存在人工驾驶和无人驾驶两种滑移装载机。滑移转向装载机的动力一般为20~50kW，主机重量为2000~4000kg，车速为10~15km/h 
应用港口	在全国沿海、内河干散货港口广泛应用

范例二　移动径向转动伸缩式堆料机工艺

移动径向转动伸缩式堆料机主要由卸料臂、缓冲受料料斗、履带或车轮等组成，可直接接收翻斗卡车、铲车或铰链式自卸车卸下的各种物料，并进行物料装载和堆积，从而实现连续堆料作业。该装置的主要设备名称、适用货种及工作原理详见表4.1-48。

移动径向转动伸缩式堆料机工艺说明表 表4.1-48

项目	说明
主要设备	卸料臂、缓冲受料料斗、履带或车轮等
适用货种	煤炭、矿石、粮食、饲料、化肥、工业盐、矿建材料等各种干散货
工作原理（图示）	悬臂堆料机将卸料臂和缓冲受料料斗组装在同一底盘上，配有履带或车轮，悬臂长度可根据实际情况选配，可直接接收自卸车、铲车或铰链式自卸车卸下的各种物料，卸料臂可直接控制物料装载和堆积过程。行走设备可径向摆动，可以覆盖较大的作业范围。该装置配套有防尘罩和密封圈，能有效抑制装卸过程中的粉尘逸散  
应用港口	镇江港

4.1.7　存储

通过系统梳理通用散货码头物料存储方式，结合资料调研和现场调研结果，整理可参照性存储技术范例如下。

范例一　条形仓封闭工艺

条形仓是一种专为储存特定物料而设计的封闭建筑物，本工艺能够有效减少粉尘外溢和环境污染。该工艺的主要设备名称、适用货种及工作原理详见表4.1-49。

条形仓封闭工艺说明表　　表4.1-49

<table>
<tr><th>项目</th><th>说明</th></tr>
<tr><td>主要设备</td><td>条形仓</td></tr>
<tr><td>适用货种</td><td>煤炭、矿石、粮食、饲料、化肥、工业盐、矿建材料等各种干散货</td></tr>
<tr><td rowspan="2">工作原理（图示）</td><td>散货堆场条形仓的功能主要是作为大型储存库房，采用门钢结构或平板网架结构能满足一般生产需求。条形仓结构的长度、宽度和高度根据总平面布置情况，物料堆存高度和装卸设备的作业要求等综合确定。条形仓实现了散货堆存全封闭，彻底解决散货堆存风蚀起尘问题</td></tr>
<tr><td>
</td></tr>
<tr><td>应用港口</td><td>曹妃甸港、日照港</td></tr>
</table>

范例二　筒仓封闭工艺

筒仓是一种用于储存散装物料的仓库，主要用于存储各种散装物料，能够有效减少粉尘外溢和环境污染。该工艺的主要设备名称、适用货种及工作原理详见表4.1-50。

筒仓封闭工艺说明表　　表4.1-50

<table>
<tr><th>项目</th><th>说明</th></tr>
<tr><td>主要设备</td><td>筒仓</td></tr>
<tr><td>适用货种</td><td>水泥、粮食、饲料、化肥等不适合露天堆存的干散货</td></tr>
<tr><td rowspan="2">工作原理
（图示）</td><td>筒仓的平面形状有正方形、矩形、多边形和圆形等。圆形筒仓的仓壁受力合理，用料经济，所以应用最广。当储存的物料品种单一或储量较小时，用独立仓或单列布置。当储存的物料品种较多或储量大时，则布置成群仓。
圆筒群仓的总长度一般不超过60m，方形群仓的总长度一般不超过40m。群仓长度过大或受力和地基情况较复杂时应采取适当措施，如：设伸缩缝以消除混凝土的收缩应力和温度应力所产生的影响；设沉降缝以避免由于结构本身不同部分间存在较大荷载差，或由于地基土承载能力有明显差别等因素而导致的不均匀沉降的影响；设地震缝以减轻震害等。
机械化筒仓的造价一般比机械化房式仓的造价高1/3左右，但能缩短物料的装卸流程，降低运行和维修费用，消除繁重的袋装作业，有利于机械化、自动化作业，因此已成为最主要的粮仓形式之一</td></tr>
<tr><td></td></tr>
<tr><td>应用港口</td><td>在经营粮食货种的干散货港口广泛应用</td></tr>
</table>

范例三　可移动全封闭料仓工艺

可移动全封闭料仓适用于码头小型料堆，由多节小料仓嵌套组成，实现了堆场堆存过程全封闭，可分段作业，不增加场地面积，移动便捷，可通过遥控、手动或远程自动控制，手机客户端信息共享，对于小型料堆适用性强。同时设置有微雾抑尘装置，能够有效抑制堆存过程中的扬尘污染。该工艺的主要设备名称、适用货种及工作原理详见表4.1-51。

可移动全封闭料仓工艺说明表 表4.1-51

<table>
<tr><th>项目</th><th>说明</th></tr>
<tr><td>主要设备</td><td>可移动全封闭料仓</td></tr>
<tr><td>适用货种</td><td>煤炭、矿石、粮食、饲料、化肥、工业盐、矿建材料等各种干散货</td></tr>
<tr><td rowspan="2">工作原理（图示）</td><td>针对港口码头小型料堆，改变传统全封闭料场的思维，对料堆实施全封闭。该料仓由多节小料仓组成，相互之间可以嵌套，可以实现分段移动，分段作业，作业时打开，作业完关闭。同时，在作业区设置微雾抑尘，防止作业时粉尘污染，实现作业和堆存过程扬尘污染零排放。料仓可通过遥控、手动或远程自动控制，多节嵌套，不增加场地面积，移动便捷，并且配备超声波测距、红外避障、智能巡迹、视频监控、料仓作业照明等装置，可以实现手机客户端信息共享，为企业节约工程造价40%</td></tr>
<tr><td>

</td></tr>
<tr><td>应用港口</td><td>—</td></tr>
</table>

4.2　污染防治技术

4.2.1　装船

通过系统梳理通用散货码头装船作业的常规污染防治技术，结合资料调研和现场调研结果，整理可参照性装船作业污染防治技术范例如下。

范例一　移动雾炮机技术

移动雾炮机通过将水雾喷洒至空气中，使粉尘颗粒与水雾结合，从而达到降尘的目的。该装置的主要设备名称、适用货种及工作原理详见表4.2-1。

移动雾炮机技术说明表　　表4.2-1

项目	说明
主要设备	雾炮机
适用货种	煤炭、矿石等可湿法抑尘的干散货
工作原理（图示）	移动雾炮机根据风送原理，先使用进口高压泵、微细雾化喷嘴将水雾化，再利用风机风量和风压将雾化后的水雾送到较远距离，使得水雾到达较远距离，同时能够覆盖更大面积，水雾与粉尘凝结后降落，从而达到降尘目的。该雾炮机操作灵活，移动方便，可根据需要设置在不同位置和场景，水雾均匀喷洒，喷雾颗粒小，可随意控制调节水平旋转喷雾角度，穿透性好。此外，该装置也可选择手控、遥控或远程操作   
应用港口	在全国沿海、内河干散货港口广泛应用

范例二　风动力雾炮机技术

风动力雾炮机利用码头风力作为动力来源实现喷雾抑尘，无须耗费额外的能源，通过转盘可以改变洒水角度，通过推动推把可以移动手推车，方便地改变洒水位置。该装置的主要设备名称、适用货种及工作原理详见表4.2-2。

风动力雾炮机技术说明表　　表4.2-2

项目	说明
主要设备	手推车、支架、风动力喷水组件等
适用货种	煤炭、矿石等可湿法抑尘的干散货
工作原理（图示）	风动力喷雾机包括手推车、支架和风动力喷水组件，手推车上设有支架，且支架内侧位置处的手推车上设有水箱，支架上设有风动力喷水组件，包括风罩、泵壳、螺杆管和喷头；螺杆管安装在泵壳的右端并相互连通，喷头安装在螺杆管的右端并相互连通；风动力喷水组件设在转盘上，通过转盘可以改变洒水的角度，转盘和支架设在手推车上，通过推动推把可以推动手推车移动，方便地改变洒水位置。 该装置利用码头的风力作为动力来源，吹动风罩内的风叶旋转，风叶带动连接套旋转，连接套通过偏心轴带动螺杆微偏心转动，从而与螺旋啮合道产生啮合空间容积变化，形成自吸能力，将水箱内的水吸入泵壳内，经过螺杆管从喷头排出，达成洒水的目的，整个过程利用风能，无须耗费额外的能源
	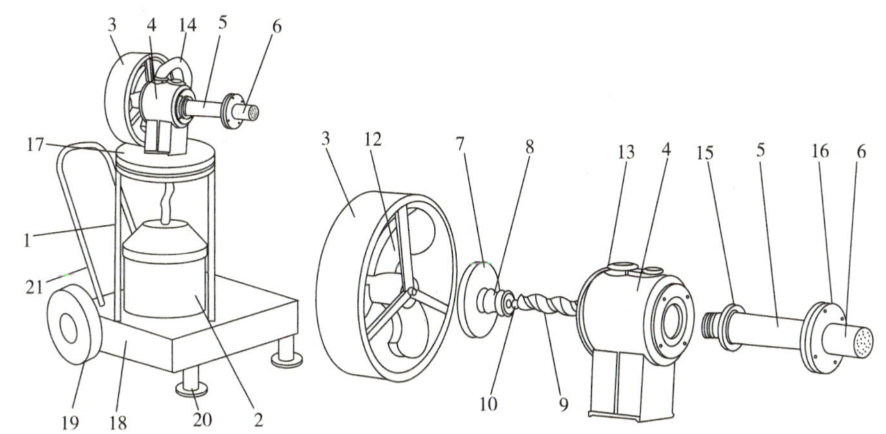 1-支架；2-水箱；3-风罩；4-泵壳；5-螺杆管；6-喷头；7-封盖；8-连接套；9-螺杆；10-偏心轴；11-螺旋啮合道；12-风叶；13-吸水口；14-软管；15-密封圈；16-法兰；17-转盘；18-底座；19-滚轮；20-支撑脚；21-推把
应用港口	—

范例三　智能雾炮机技术

智能雾炮机通过粉尘监测仪、PLC控制器等监测空气中的粉尘含量，并根据监测值自动启动雾炮机，实现对粉尘污染区域的智能化降尘，有效解决了周围粉尘监测系统检测粉尘存在一定程度滞后的问题。该装置的主要设备名称、适用货种及工作原理详见表4.2-3。

智能雾炮机技术说明表　　表4.2-3

项目	说明
主要设备	雾炮筒、底座、粉尘检测仪、PLC控制器等
适用货种	煤炭、矿石等可湿法抑尘的干散货

续上表

<table>
<tr><th>项目</th><th>说明</th></tr>
<tr><td rowspan="2">工作原理
（图示）</td><td>智能雾炮机包括支撑底座和设置于支撑底座上的喷雾筒，支撑底座一侧设置有用于检测区域空气的辅助监测机构，包括粉尘监测仪和PLC控制器。智能雾炮机通过设置的粉尘监测仪、PLC控制器、气流座、气管、驱动轴、气流拨片、引流管、调节管等结构，能够监测到作业或堆存区域处空气的粉尘含量，当作业或堆存区域空气粉尘含量达到一定阈值时会自动启动雾弹机，实现对粉尘污染区域的智能化降尘，有效解决了周围粉尘监测系统检测粉尘存在一定程度的滞后的问题，保证港口码头的空气治理效果</td></tr>
<tr><td>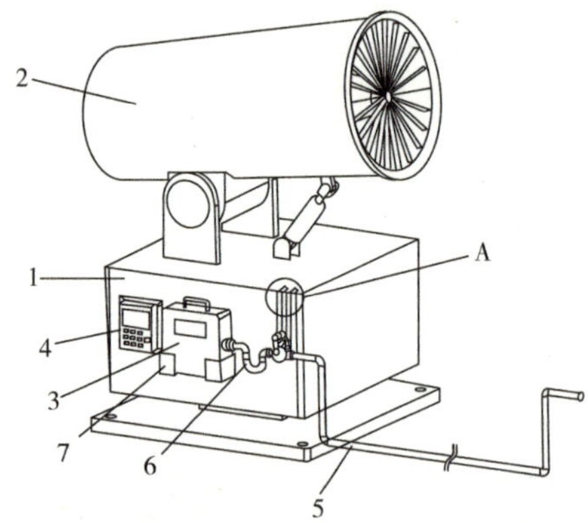
1-支撑底座；2-喷雾筒；3-粉尘监测仪；4-PLC控制器；5-引流管；6-调节管；7-卡座</td></tr>
<tr><td>应用港口</td><td>—</td></tr>
</table>

4.2.2 卸船

通过系统梳理通用散货码头卸船作业的常规污染防治技术，结合资料调研和现场调研结果，整理可参照性卸船作业污染防治技术范例如下。

范例一　冲洗卷盘技术

采用码头冲洗卷盘技术进行码头面的水冲洗，可有效去除干散货码头装卸船、装卸车过程中撒落的粉尘，确保码头面清洁。该技术的主要设备名称、适用货种及工作原理详见表4.2-4。

冲洗卷盘技术说明表　　表4.2-4

项目	说明
主要设备	卷盘箱体、喷头、胶管、卷盘等
适用货种	煤炭、矿石、粮食、饲料、化肥、工业盐、矿建材料等各种干散货

续上表

项目	说明
工作原理（图示）	水冲洗卷盘的组成包括卷盘箱体、喷头、胶管、卷盘等。 卷盘箱体通常采用不锈钢材质，而卷盘则是铁质经过防锈处理，并进行喷漆或喷塑。箱体设计有门锁，便于在使用后将卷盘箱锁上，以保持整洁和安全。 喷头采用不锈钢材料，内部过流部分也是不锈钢，确保了耐腐蚀性和耐用性。软管前端连接喷头的部位设有手动阀，方便使用。 胶管是连接喷头和卷盘的重要部分，其长度和材质根据具体需求而定，通常是柔软且耐压的，以便于弯曲和移动。 卷盘用于卷绕胶管，使得胶管可以方便地收纳和展开，通常设计有适当的张力，以防止胶管在使用时过度拉伸或扭曲。 此外，冲洗卷盘装置还包括水封管和柔性冲洗管，这些部件共同协作，确保了冲洗作业的高效率和便利性。水封管包括与柔性冲洗管连通的第一管部和用于与供水管连接的第二管部，通过这种设计，实现了冲洗卷盘装置的灵活使用和较长的使用寿命 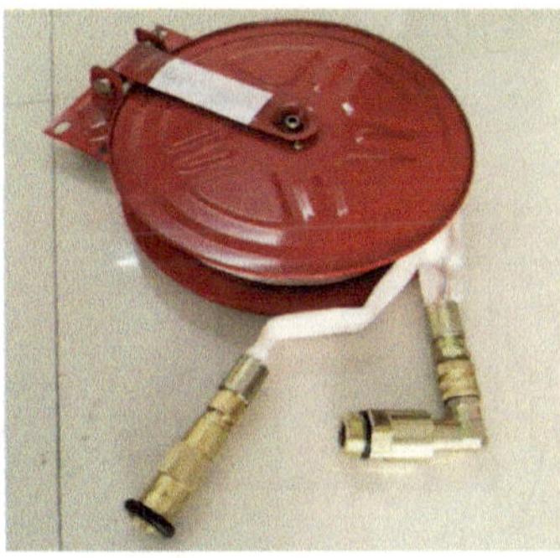 
应用港口	在全国沿海、内河干散货港口广泛应用

范例二　可移动卸料干雾抑尘技术

可移动卸料干雾抑尘装置由设备主机、水源输送管路、气体输送管路等组成，该装置结构简单，操作方便，可有效降低一次性投资，减少抑尘所需耗水量，降低物料热值损失，且受环境的影响较小。该技术的主要设备名称、适用货种及工作原理详见表4.2-5。

可移动卸料干雾抑尘技术说明表　　表4.2-5

项目	说明
主要设备	可移动卸料干雾抑尘装置
适用货种	煤炭、矿石等可湿法抑尘的干散货

续上表

<table>
<tr><th>项目</th><th>说明</th></tr>
<tr><td rowspan="2">工作原理
（图示）</td><td>可移动卸料干雾抑尘装置主机内部分别设置有水源输送管路和气体输送管路，主机外侧分别设置有进气端口、进水端口、出水端口、出气端口，水源输送管路的一端与进水端口相连接，进水端口远离水源输送管路的一端通过管道连接有水箱，水源输送管路的另一端与出水端口相连接，出水端口远离水源输送管路的一端通过管道连接有水管卷盘器，通过水软管与干雾环相连接；气体输送管路的一端与进气端口相连接，进气端口远离气体输送管路的一端通过管道连接有储气罐，储气罐通过管道连接空压机，另一端与出气端口相连接，出气端口远离气体输送管路的一端通过管道连接有气管卷盘器，通过气软管与干雾环相连接。水源输送管路上从进水端口方向至出水端口方向上依次设置有卧式离心泵、过滤器、变频多级离心泵。其中，水源输送管路上进水端口与卧式离心泵之间依次设置有电磁阀和手动球阀，出水端口上设置有压力表。气体输送管路上也设置有电磁阀和手动球阀。
通过多组结构的设计，使得该装置可通过水源输送管路和水箱向干雾环提供高压水源，并对提供的水源进行过滤，通过储气罐、空压机和水源输送管路向干雾环提供高压气体，通过干雾环持续输出干雾实现抑尘效果。同时，水管卷盘器和气管卷盘器可对水软管和气软管进行收放，从而延伸干雾环的操控距离，根据需求对干雾环位置进行调节（干雾环安装在卸料口处，可上下移动），有效提高装置的适应性</td></tr>
<tr><td>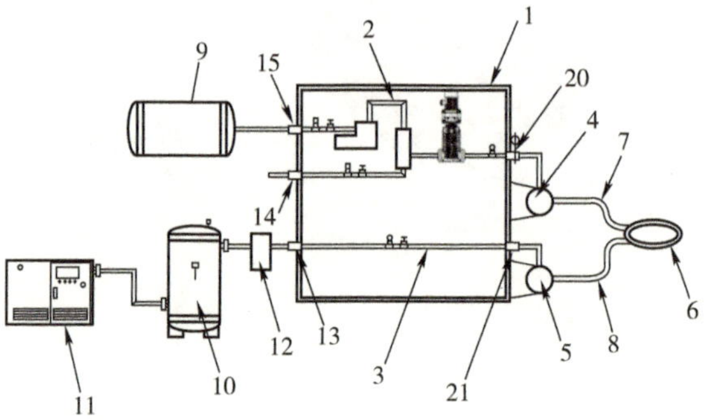

1-设备主机；2-水源输送管路；3-气体输送管路；4-水管卷盘器；5-气管卷盘器；6-干雾环；7-水软管；8-气软管；9-水箱；10-储气罐；11-空压机；12-分离器；13-进气端口；14-排污端口；15-进水端口；16-卧式离心泵；17-过滤器；18-变频多级离心泵；19-压力表；20-出水端口；21-出气端口</td></tr>
<tr><td>应用港口</td><td>—</td></tr>
</table>

范例三：泡沫干雾抑尘技术

泡沫干雾抑尘技术结合泡沫抑尘系统和干雾抑尘系统，可有效解决物料落料产生的粉尘污染。该工艺耗水量低、除尘效率高，初期投资和运行费用较低，相比传统布袋除尘设备投入更少、占地面积小、能耗和运行费用低，操作方便且无粉尘二次污染。该技术的主要设备名称、适用货种及工作原理详见表4.2-6。

泡沫干雾抑尘技术说明表 表4.2-6

项目	说明
主要设备	空压机、泡沫输出管道、干雾喷头、雾化管道、水箱等
适用货种	煤炭、矿石等可湿法抑尘的干散货
工作原理（图示）	泡沫干雾抑尘一体机，以“源头抑尘”为粉尘治理理念，结合泡沫抑尘系统和干雾抑尘系统，设置双重防线，能够抑制粉尘产生和扩散，从而达到较好的抑尘效果。 泡沫抑尘系统是通过泡沫干雾抑尘一体机内部的高精度配比系统，将抑尘剂和水进行配比融合，再经由高倍发泡系统打出抑尘泡沫，喷洒至散货物料表面。高倍抑尘泡沫对矿石进行包裹、黏附，形成致密的抑尘阻尘膜，能有效阻止散货物料在破碎过程中的粉尘产生及扩散。 泡沫干雾抑尘无须对现场做到完全密闭，喷头安装位置可以灵活地布置在产尘点周边，无须密闭现有产尘点，对于现有的生产工艺影响小，也不会给检修维护带来影响
	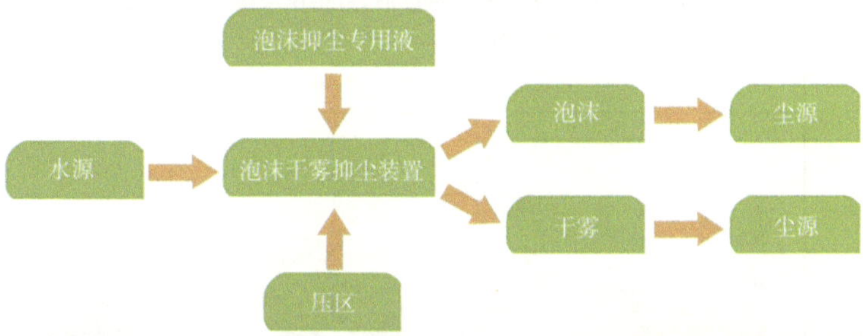 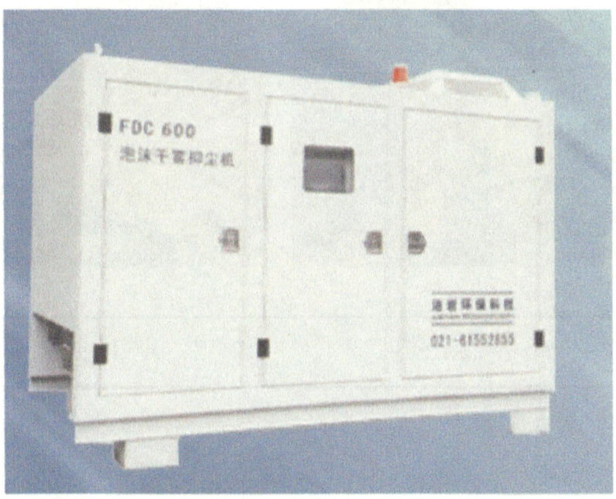 
应用港口	营口港

4.2.3 装车

通过系统梳理通用散货码头装车作业的常规污染防治技术，结合资料调研和现场调研结果，整理可参照性装车作业污染防治技术范例如下。

范例一 装载机喷淋技术

装载机喷淋技术主要通过在装载机铲斗前增设喷淋装置，实现装载机装车过程中喷淋抑尘。该系统灵活、可拆卸，能弥补铲车动点作业固定式喷枪、洒水车及射雾器很难对其形成有效控制的不足。该技术的主要设备名称、适用货种及工作原理详见表4.2-7。

装载机喷淋技术说明表 表4.2-7

项目	说明
主要设备	喷淋系统
适用货种	煤炭、矿石等可湿法抑尘的干散货
工作原理（图示）	装载机喷淋技术的应用主要指对装载机铲斗前端增加喷淋装置，根据装载机的实际情况，设计所需PE滚塑水箱，并配备有液位计、呼吸器等，便于观察液位、维持水箱内外压力均衡。采用隔膜水泵，配备压力感应开关，自动维持喷淋系统所需的压力值，对水泵自动进行通断电，从而驱动喷淋装置工作。喷淋装置产生的水雾与粉尘接触后，可迅速与粉尘结合、缩小粉尘的扩散范围，大幅降低作业过程中粉尘对环境的不良影响

应用港口	天津港

范例二　装载机清扫机除尘洒水技术

装载机清扫机除尘洒水技术集成清扫与洒水功能，通过将原有装载机上的配重块替换成辅助配重块和储水罐，解决现有技术中装载机、清扫机后方需要跟随洒水车的问题，避免了购买洒水车的需要，同时有效提高了道路的清扫效率。该技术的主要设备名称、适用货种及工作原理详见表4.2-8。

装载机清扫机除尘洒水技术说明表 表4.2-8

项目	说明
主要设备	托叉、储水罐、洒水器、倒车雷达探头、防护板
适用货种	煤炭、矿石等可湿法抑尘的干散货

续上表

项目	说明
工作原理（图示）	装载机清扫机除尘洒水装置，包括固定连接在装载机后部的托叉以及固定连接在托叉上的储水罐，储水罐的底部安装有洒水器。 洒水器为空心钢管结构，水平等距设置有一排洒水孔，且在洒水器的两端分别安装有阀门，以达到调整出水量的效果。 储水罐上表面中心位置设置有入水口；储水罐在远离装载机的一侧固定连接有防护板，防护板的两端均安装有倒车雷达探头，倒车雷达探头提高了车辆行驶过程中的安全性，同时防护板有效地降低了储水罐受到撞击而变形的可能性。 储水罐在靠近装载机的一侧分别通过托叉和卡板固定连接有辅助配重块，储水罐和辅助配重块可以利用自身重量降低原配重的成本，同时增加了整机的稳定性，且在储水罐和辅助配重块的上端均固定连接有吊装板，可以有效地通过起重机对其吊装，方便后期的拆装与检修。 储水罐的侧壁安装有水位计，用于监控储水罐内部的水量变化
	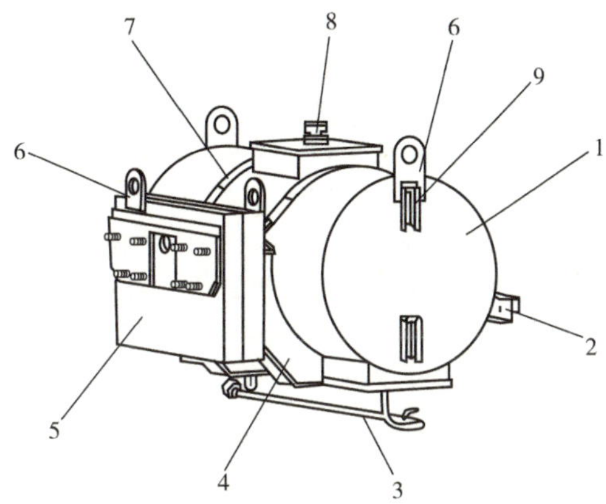 1-储水罐；2-防护板；3-洒水器；4-拖叉；5-辅助配重块；6-吊装板；7-卡板；8-入水口；9-水位计 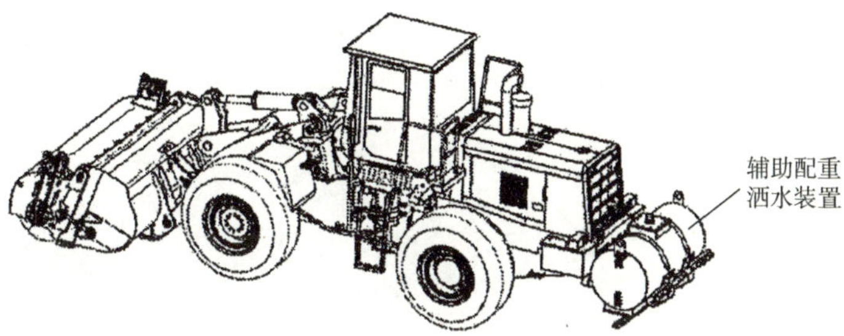
应用港口	—

范例三　多功能铁路抑尘车技术

铁路多功能抑尘车，又称喷杆式抑尘车、折臂式降尘车、铁路抑尘喷洒车等，当火车运送煤炭等散货时，粉尘随风飘落在铁路两侧。喷杆式抑尘车可通过对每节火车上的煤炭进行固化，形成保护膜，减少粉尘污染，还能有效抑制铁路隧道因煤尘燃烧引起的事故。该类车同时具备洒水车功能，在喷洒作业时喷淋杆和举升杆电动升降、旋转，替代了液压系统，操作简单、经济便捷，通过喷洒固化剂和抑尘剂到煤炭表面形成一种硬壳，将煤炭覆盖在硬壳下面，使其在运输中不易被风吹走和扬起煤尘。该技术的主要设备名称、适用货种及工作原理详见表4.2-9。

多功能铁路抑尘车说明表 表4.2-9

项目	说明
主要设备	多功能铁路抑尘车
适用货种	煤炭、矿石等可湿法抑尘的干散货
工作原理（图示）	铁路抑尘车，配置前冲、后洒以及尾部平台高炮，喷淋系统加装单车流量计，用于计量抑尘剂喷洒量，并可显示于司机室内人机界面上，能实时查看每列火车每节货厢的喷洒流量，并可打印出数据表。 喷淋系统加装钩档停喷系统，接触式感应喷淋时，在两节火车之间停喷，且具备左右两侧钩档停喷功能，喷洒作业时能够实现煤层表面喷洒均匀，适合不同车型，无溢洒现象。喷洒臂带有车号识别与记录功能。整车喷淋系统、单车流量计与车号识别记录功能全部连接到智能电脑。 喷洒备用状态时，喷洒臂位于铁轨平行的维修回收平台上方；工作状态时，待牵引机车通过后，喷洒臂旋转至与车厢垂直的位置，同时调节高度（3.5~5.5m），降至列车车厢上方30cm处，通过车辆识别系统检测车型、车号，在PLC的控制下，使喷洒滚筒根据钩档停喷的原则开始喷洒作业，喷洒完成后系统切换到清洗状态，清洗管路及喷头，清洗液回流到搅拌罐。 车速在0.5~1.0km/h的范围内运行时，喷洒控制系统可以实现对运煤车辆均匀覆盖，并保证不影响机车的安全和正常运行

续上表

项目	说明		
工作原理（图示）	 前冲(对冲)主要用于路面洒水降尘、将路面垃圾冲到路边	 后洒主要用于路面降尘	 侧喷可用于路边绿化带喷淋
应用港口	—		

范例四　铁路道线装车喷淋抑尘技术

铁路道线装车喷淋抑尘系统通过自动感应装置发出信号，触发电磁阀，开启高压雾化喷淋，实现铁路道线装车过程中的粉尘控制。该技术可根据粉尘污染情况实现自动喷淋，精准抑尘，节约水资源。该技术的主要设备名称、适用货种及工作原理详见表4.2-10。

铁路道线装车喷淋抑尘技术说明表　　表4.2-10

项目	说明
主要设备	铁路道线装车喷淋抑尘系统
适用货种	煤炭、矿石等可湿法抑尘的干散货
工作原理（图示）	铁路道线装车喷淋抑尘系统通过架设于装箱作业点上方的感应装置向决策软件发出信号，随着装车作业动作的开始，系统自动触发电磁阀开启高压雾化喷淋装置，并以最佳的雾化效果和射流强度对装箱作业起尘点形成全覆盖，随着装车动作完成，系统随之自动关闭，从而实现智能控制，最大限度缓解装车作业扬尘无组织排放问题 

续上表

项目	说明
工作原理（图示）	
应用港口	天津港

范例五　移动装车抑尘棚技术

移动装车抑尘棚是一种用于物料装车过程中的抑尘设备，主要用于防止在装车过程中产生的粉尘污染环境，适用于露天装车作业。该技术的主要设备名称、适用货种及工作原理详见表4.2-11。

移动装车抑尘棚技术说明表　　表4.2-11

项目	说明
主要设备	移动装车抑尘棚
适用货种	煤炭、矿石、粮食、饲料、化肥、工业盐、矿建材料等各种干散货
工作原理（图示）	移动装车抑尘棚通过半封闭的结构设计，减少装车过程中粉尘的飞扬；该装置具有移动性，方便在不同的装车地点之间进行调整，适应不同工况和场地要求；棚体高度、宽度可调，适应不同类型、尺寸的装车车辆；棚顶和四壁一般设计为封闭或半封闭结构，有助于减少风力对粉尘的影响。 深圳赤湾港区结合自身车辆特点，移动装车抑尘棚外形尺寸设计为长6m×宽5m×高7.5m，自卸车通行限高4.5m，装载机举升限高6.2m。移动装车抑尘棚主体支撑钢结构框架采用方通120mm×120mm×8mm、方通120mm×60mm×5mm、扁通140mm×80mm×6mm、角钢63mm×63mm×6mm及镀锌管组合搭接。顶部安装双层绿色挡尘网，四周安装透明软玻璃帘，实现作业装车抑尘。底部配备行走轮和叉车挑梁，实现行走功能

续上表

项目	说明
工作原理（图示）	  
应用港口	深圳赤湾港

4.2.4 卸车

通过系统梳理通用散货码头卸车作业的常规污染防治技术，结合资料调研和现场调研结果，整理可参照性卸车作业污染防治技术范例如下。

范例一 抓煤机喷雾抑尘技术

抓煤机加装随车式喷雾抑尘装置，可实现点对点精准降尘，根据现场扬尘的实际情况及时调节喷雾量，相比雾炮车喷雾具有位置准确、噪声小、喷水量小、操作便捷的优势。随车的储水量充分满足单列作业需求，避免停机等水的情况，进而提高了易起尘货种的接卸效率。该技术的主要设备名称、适用货种及工作原理详见表4.2-12。

抓煤机喷雾抑尘技术说明表 表4.2-12

项目	说明
主要设备	抓煤机喷雾抑尘装置
适用货种	煤炭
工作原理（图示）	抓煤机喷雾抑尘技术主要通过在抓煤机的抓斗上方处增加喷淋装置来实现卸车过程中的喷淋抑尘。卸煤作业产生扬尘时，作业人员可手动开启喷淋装置，及时进行抑尘操作 
应用港口	唐山港

范例二 火车装卸平台喷淋技术

火车装卸平台喷淋系统由喷枪洒水系统和雾化喷淋系统构成，出水范围可有效覆盖火车物料和作业平台，切实改善火车装卸车作业环境。该技术的主要设备名称、适用货种及工作原理详见表4.2-13。

火车装卸平台喷淋技术说明表　　表4.2-13

项目	说明
主要设备	火车装卸平台喷淋系统
适用货种	煤炭、矿石等可湿法抑尘的干散货
工作原理（图示）	火车装卸平台喷淋系统由一套喷枪洒水系统和雾化喷淋系统构成，主要包括不锈钢水塔、镀锌管道、控制线路、电动阀门、喷枪、喷嘴以及高压水泵等组成。该系统每隔6m布置一把喷淋杆，射程约6m，覆盖面积大，雾滴直径小，能够快速与粉尘结合。同时布置了数把喷枪系统，每把喷枪高度2.2m，可360°旋转，喷水半径约30m，喷枪出水范围可有效覆盖火车物料和作业平台，并可根据天气和作业情况设定时长自动控制喷枪循环启动，实现“一键启动”，全面控尘，弥补洒水车加水时间长、进入作业区存在安全隐患等缺点，切实改善装卸车作业环境  
应用港口	镇江港、唐山港、营口港

范例三　火车厢清扫技术

火车厢清扫技术实现了火车厢机械化清扫，解决了人工清扫工作量大、劳动强度大、严寒酷暑爬车作业安全风险高等难题。该技术的主要设备名称、适用货种及工作原理详见表4.2-14。

火车厢清扫车技术说明表 表4.2-14

项目	说明
主要设备	火车厢清扫车
适用货种	煤炭、矿石等可湿法抑尘的干散货
工作原理 （图示）	火车厢清扫车装备有清水箱、垃圾箱、清扫装置、除尘系统、风机、动力系统、高压水路系统等专用装置，配备作业状态下闪烁的黄色标志灯，用于火车货厢余料机械化清扫作业的作业类专用汽车。该车主要包括汽车底盘、副车架、清水箱、副发动机系统、气力输送系统、清扫装置、摆臂回转升降装置、喷淋除尘系统、液压电控系统和高压水路系统等十大系统组成。其中，气力输送系统是火车厢清扫车的核心系统。 火车厢清扫车的主要工作任务是将列车所有火车厢内的余料清扫收集转运到指定位置，由于卸料后的火车厢余料残留主要分布在火车厢底部四周，适合清扫抽吸方式作业，因此，火车厢清扫车采用吸送式的气力输送系统，通过副发动机驱动高压离心风机高速旋转使垃圾箱腔体产生高负压和大流量，并通过风道和吸嘴将火车厢内的余料收集吸拾到垃圾箱中。 火车厢清扫作业时，司机驾驶车辆驶入到待清扫火车厢左侧后方，通过操控液压电控系统控制摆臂回转升降装置右摆90°后，自动上升指定高度。司机驾驶车辆向前行驶到作业位置，按下面板自动作业按钮，摆臂回转升降装置下降到火车厢内部底部，扫盘自动旋转并向外展开。司机驾驶车辆向前行驶进行火车厢清扫作业，高速旋转的扫盘不断地将火车厢两侧及墙角处的余料向中间汇集到吸嘴前方，进入吸嘴的余料被高速气流输送到垃圾箱内。单厢清扫完成后，扫盘自动内收，摆臂回转升降装置上升到指定高度，进入下一节车厢清扫作业，清扫作业完成后或垃圾箱满箱时，司机驾驶车辆到指定卸料位置，打开后门，举升箱体卸料
	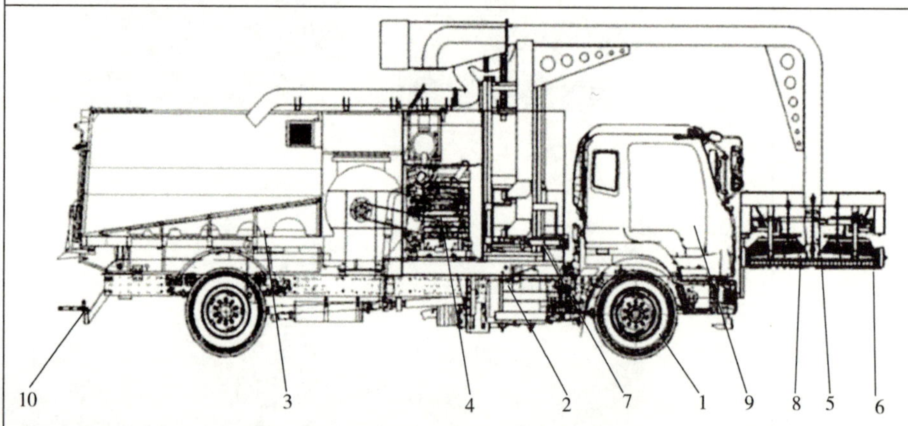 1-汽车底盘；2-副车架；3-清水箱；4-副发动机系统；5-气力输送系统；6-清扫装置；7-摆臂回转升降装置；8-喷淋除尘系统；9-液压电控系统；10-高压水路系统 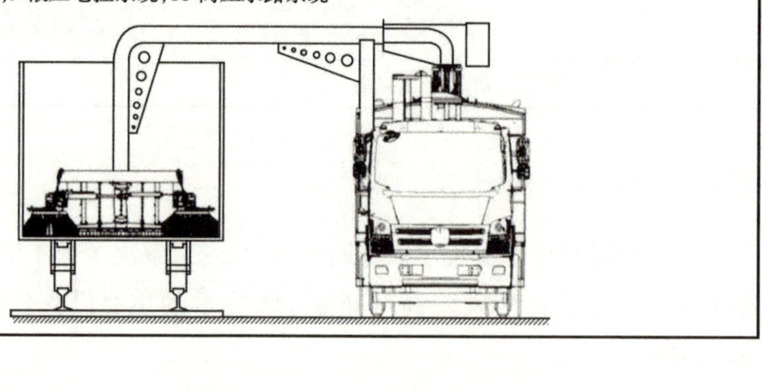

续上表

项目	说明
工作原理（图示）	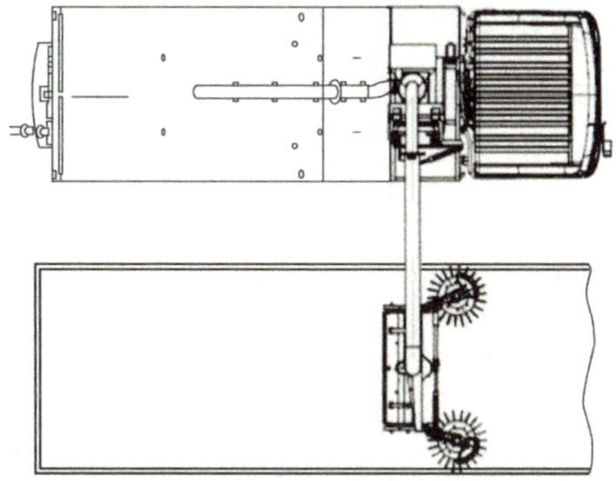
应用港口	岚山港

4.2.5 水平运输

通过系统梳理通用散货码头水平运输过程的常规污染防治技术，结合资料调研和现场调研结果，整理形成可参照性水平疏运污染防治技术范例。

范例一 洗轮机技术

洗轮机对通过车辆轮胎与底盘进行清洗，可有效减少散货堆场汽运二次扬尘。该装置的主要设备名称、适用货种及工作原理详见表4.2-15。

洗轮机技术说明表 表4.2-15

项目	说明
主要设备	洗轮机
适用场景	运输车辆冲洗
工作原理（图示）	洗轮机系统一般包括冲洗区、沥水区、清水蓄水池、一级沉淀池、二级沉淀池、电气控制系统、高压冲洗水泵、污水泵及其管路喷嘴，通过对车辆轮胎与底盘进行清洗，减少散货堆场汽运二次扬尘 
应用港口	营口港、镇江港

范例二　高架喷淋洗车台技术

高架喷淋洗车台采用支架结构，平台功能模块包括自动控制系统、磁感应系统、供水洒水系统等，可实现自动感应车辆及自动冲洗。该技术的主要设备名称、适用货种及工作原理详见表4.2-16。

高架喷淋洗车台技术说明表　　表4.2-16

项目	说明
主要设备	高架喷淋洗车台
适用场景	运输车辆冲洗
工作原理（图示）	高架喷淋洗车台由自动控制系统、磁感应系统软件、供水设备、传动装置、洒水系统软件及其模板支撑构成。车辆缓慢进入洗车平台，磁感应网络检测到车辆后，把无线传输数据传给自动控制系统，随后自动控制系统操纵供水设备及其传动装置开始工作，对运输车辆进行全方位冲洗，实现净车出场

应用港口	—

范例三　智能车辆冲洗平台技术

智能车辆冲洗平台采用封闭式通道结构形式，将冲洗作业区分为冲洗、沥水和喷气车道，对疏港车辆进行全面清洗。该技术的主要设备名称、适用货种及工作原理详见表4.2-17。

智能车辆冲洗平台技术说明表　　表4.2-17

项目	说明
主要设备	智能车辆冲洗平台
适用场景	运输车辆冲洗
工作原理（图示）	智能冲洗平台技术采用封闭式通道结构形式，冲洗作业区共两条车道，分为喷水冲洗车道、自然沥水车道、喷气车道。车辆进入冲洗平台工作区域后，喷水冲洗车道进行三方向全面清洗，确保出港车辆清洁干净，沥水喷气道加速沥水，防止带出污水，产生的污水经一体化污水处理设备处理后返回清水箱回用，实现水资源循环利用，污泥经专用设备压缩处理后通过输送机收集至集泥斗集中处置  
应用港口	唐山港、镇江港

范例四　旋转雾桩技术

旋转雾桩技术采用高压主机，雾化效果好，可智能化控制，远距离喷雾能力能够覆盖更大区域，有效抑制粉尘扩散，减少人工清扫或洗扫车作业量。该技术的主要设备名称、适用货种及工作原理详见表4.2-18。

旋转雾桩技术说明表　　表4.2-18

项目	说明
主要设备	可旋转雾桩
适用场景	道路抑尘
工作原理（图示）	旋转雾桩技术利用高压将水雾化成微小水滴，通过喷嘴喷洒出来，形成一层薄薄的水雾，这层水雾能够有效地吸附和捕捉空气中的粉尘，并使其沉降下来。雾桩主要包括高压泵、PLC触摸屏、电机、柱塞泵缺水保护、过载保护、大容量水箱、过滤系统、无线遥控、手机App远程控制系统。雾桩旋转范围为0°~360°，喷雾距离约为50m，工作流量为0~40L，雾桩的高度可根据现场情况定制
	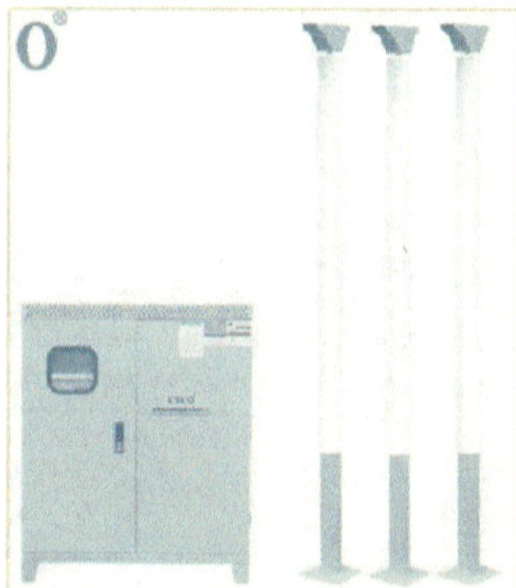 
应用港口	新沂港

范例五　清扫车技术

清扫车是集路面清扫、垃圾回收和运输于一体的新型高效清扫设备，适用于各种气候和不同干燥路面的清扫作业。该技术的主要设备名称、适用场景及工作原理详见表4.2-19。

清扫车技术说明表　　表4.2-19

项目	说明
主要设备	清扫车
适用场景	道路清洁
工作原理（图示）	清扫车就是在专用汽车底盘上改装道路清扫功能的扫地车型，车辆除底盘发动机外，另外加装副发动机等多种清扫配套设备，包括吸尘系统、集尘箱、粉尘回收系统、液压系统、电控系统等，具有吸尘范围广、吸净率高、无二次扬尘、工作效率高等优点，适用于易产生扬尘污染的多粉尘场所的清扫保洁

续上表

项目	说明
工作原理（图示）	
应用港口	—

范例六　洗扫车技术

洗扫车是道路清扫车系列中的一款路面清扫保洁车辆，具有路面清洗、路面清扫路缘和路缘石立面洗刷、低压冲洗、喷雾除尘等多种功能。该车既可单独作为扫路车进行路面清扫抽吸作业，又可作为高压冲洗车进行路面冲洗抽吸作业，还可将路面清扫抽吸与高压冲水组合作为洗扫车使用，实现清扫、高压冲洗、抽吸的多种组合选择使用，以满足不同用户的多种需求。该技术的主要设备名称、适用场景及工作原理详见表4.2-20。

洗扫车技术说明表　　表4.2-20

项目	说明
主要设备	洗扫车
适用场景	道路清洁
工作原理（图示）	洗扫车采用刷洗和高压清洗的扫洗结合、垃圾收集、污水回收、尾部喷雾保湿降尘、液压倾翻卸料的作业方式对路面进行刷洗作业。 洗扫车采用中置两刷盘，中置宽吸盘，配上具有防撞避障功能的V形高压冲水架，组成一条冲洗清扫带。有的洗扫车采用发动机厂商供应的副发动机，也有的采用燃料电池作为动力驱动装置横置在车架中部，具有气动离合装置控制的抽吸风机布置在动力舱的左侧。不锈钢水箱与垃圾箱均为方形瓦楞结构。水箱分为两部分：一部分为前置独立水箱，装配在驾驶室的后面；另一部分水箱设置在垃圾箱内部，可随垃圾箱同时升降。垃圾箱内部采用高压冲洗自洁功能，将垃圾箱内残留的垃圾冲洗干净

应用港口	—

范例七　吹洒机技术

吹洒机将吹风与水冲洗功能有效结合，在吹出气体的同时一并将水汽吹出，解决了大型清扫设备、车辆无法清扫道路侧边粉尘问题。该本技术的主要设备名称、适用场景及工作原理详见表4.2-21。

吹洒机技术说明表　　表4.2-21

项目	说明
主要设备	吹洒机
适用场景	道路清洁
工作原理（图示）	道路吹洒机由柴油机带动，风机口对着侧后方，在吹出气体的同时一并将水气吹出，可对堆场路面积聚的粉尘具有较强、较快的清洁和汇集作用。该装置解决了大型清扫设备、车辆无法清扫道路侧边粉尘问题
	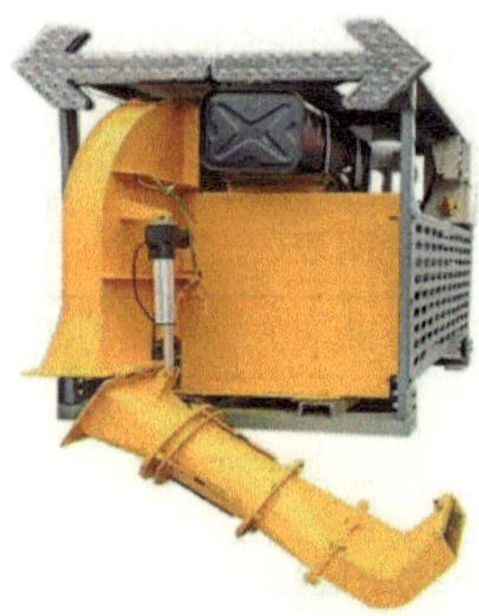  
应用港口	—

范例八　道路抑尘一体化设备技术

道路抑尘一体化设备可根据实时监测数据，自动分析空气质量状况，并根据系统设定的临界值自动启停并调整喷雾量，实现喷淋水、抑尘剂或防冻液等多种功能。该技术的主要设备名称、适用场景及工作原理详见表4.2-22。

道路抑尘一体化设备技术说明表　　表4.2-22

项目	说明
主要设备	四季一体化主机、四季一体化控制系统、环境监测系统、视觉识别系统、语音提示系统、药剂罐、药剂密度检测装置、分路控制器、万向节喷洒终端、连接管道、保温伴热等
适用场景	道路抑尘
工作原理	该系统工作原理如下：通过环境监测系统的实时数据，四季一体化控制系统自动分析空气情况，根据实时的空间情况智能启停四季一体化主机。春夏秋三季实现自动分析空气中$PM_{2.5}$、PM_{10}等细微颗粒的含量及空气温度、湿度，当数值达到系统设定的临界值时，系统会自动启停并自动调整喷雾量；当空间参数下降到设定值时，系统会自动停止，水电消耗少，起到了节能环保的作用。冬季实现视觉识别系统自动识别道路积雪情况及空气温度、风速风向等指标，当数值达到系统设定的临界值时，系统会自动分路段启停，当空间参数下降到设定值时，系统会自动停止，减少电、药剂消耗。 该系统智能化程度高、喷洒效果显著，在污染源头治理，可有效抑制扬尘产生飘散排放逃逸；能够有效地治理$PM_{2.5}$、PM_{10}等有害悬浮细颗粒物，可极大程度改善空气质量环境；冬季根据天气情况，自动喷洒防冻液，保证道路24h无冻冰，保证行车作业安全
应用港口	秦皇岛港

4.2.6　堆取料

通过系统梳理通用散货码头堆取料作业的常规污染防治技术，结合资料调研和现场调研结果，整理堆取料作业污染防治技术范例如下。

范例　可移动喷淋降尘技术

可移动喷淋降尘技术采用伞式雾化、造雪覆盖联合运行方式，进行堆场喷淋抑尘。设备可实时监测粉尘浓度并启动装置，长悬臂可转动方向并调整到合适的俯仰角度进行喷淋作业。该技术的主要设备名称、适用货种及工作原理详见表4.2-23。

可移动喷淋降尘技术说明表　　表4.2-23

项目	说明
主要设备	机架、回转驱动机构、梯形回转框架、长悬臂、伸缩油缸、水箱和潜水泵、空气压缩机构、喷射机构等
适用货种	煤炭、矿石等可湿法抑尘的干散货

续上表

项目	说明
	可移动喷淋降尘技术可应用于港口堆场装卸作业区降尘，采用伞式雾化、造雪覆盖联合运行方式，进行堆场喷淋抑尘。 该装置的构成包括机架、回转驱动机构、梯形回转框架、长悬臂、伸缩油缸、水箱和潜水泵、空气压缩机构、喷射机构及配重。 该装置的水箱和气液两相管外表面设置带有加热丝的绝缘保温层，在冬季降温时，利用加热丝对水箱和气液两相管加热可保证水不结冰。水箱采用水车供水方式。 装置的喷射安装架上设置有用于环境监测的温度传感器和粉尘传感器，温度传感器实时监测环境温度，与加热丝的启动进行联动；粉尘传感器实时监测环境粉尘状况，并启动装置进行工作。 回转驱动机构驱动梯形回转框架，将长悬臂转动到港口堆场装卸作业区的干散货堆场方向，借助伸缩油缸将长悬臂调整到合适的俯仰角度；启动潜水泵和空气压缩机构，借助核子喷头组将水箱内的水以伞式雾化或造雪覆盖方式喷射到散货堆垛上。 如遇大风或台风天气，应提前将长悬臂摆放到90°位置时锁紧，如降温或寒冬天气，可提前用绝缘保温层中的加热丝对管路和水箱进行加热
工作原理 （图示）	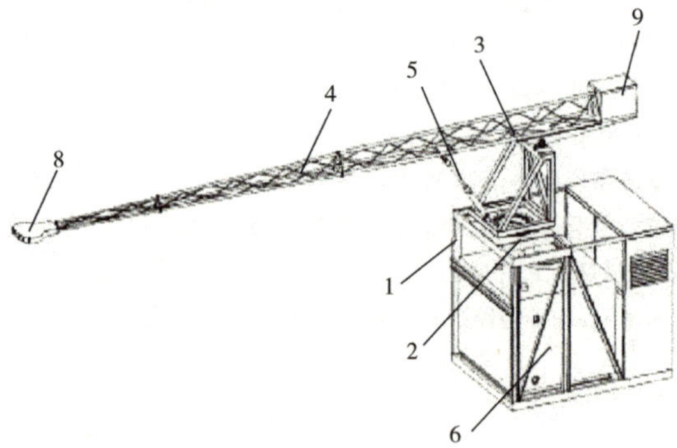 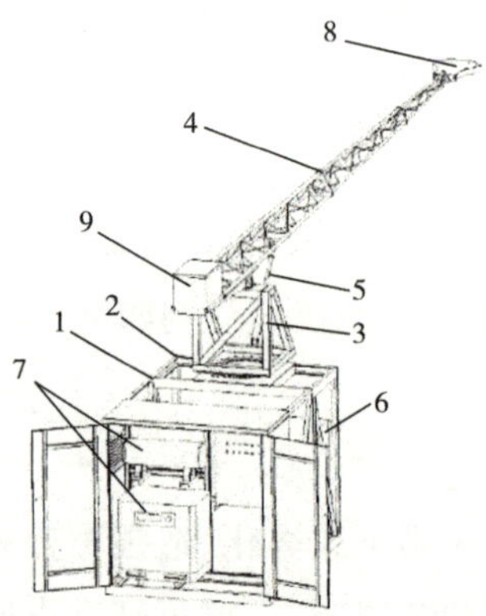 1-机架；2-回转轴承；3-梯形回转框架；4-长悬臂；5-伸缩油缸；6-水箱；7-空气压缩机构；8-喷射机构
应用港口	—

4.2.7 存储

通过系统梳理通用散货码头存储环节的常规污染防治技术，结合资料调研和现场调研结果，整理存储环节污染防治技术范例如下。

范例一　场路隔离技术

为防止物料滑落至运输道路造成道路二次扬尘，可设置场路隔离设施。该技术主要设备名称、适用货种及工作原理详见表4.2-24。

场路隔离技术说明表　　表4.2-24

项目	说明
主要设备	隔离堆
适用场景	干散货露天堆场
工作原理（图示）	在堆场区域内设置隔离堆，通过隔离堆对堆场区域进行有效分割，规范堆垛的堆放，将堆垛区域与转运车辆行驶路线有效隔离

应用港口	全国沿海、内河干散货港口广泛应用

范例二　堆垛苫盖技术

堆场苫盖技术抑尘效果好，成本低，适用性强，同时有美观堆垛的视觉效果。该技术的主要设备名称、适用货种及工作原理详见表4.2-25。

堆垛苫盖技术说明表　　表4.2-25

项目	说明
主要设备	苫盖网、苫盖布
适用场景	干散货露天堆场
工作原理 （图示）	苫盖在干散货码头的应用较为广泛，主要通过人工在堆垛表面覆盖一层聚乙烯密目网或帆布等苫盖物，使堆垛隔绝外界环境，避免起尘。苫盖具有一定的抑尘效果，且使堆垛美观

应用港口	在全国沿海、内河干散货港口广泛应用

范例三　双侧行走苫盖车技术

双侧行走苫盖车包括两个车体，分别行走于物料堆两侧，每个车体均设置向上延伸的支撑杆并连接有安装架，周壁卷绕有苫布，驱动件驱动转动辊转动，以放卷苫布并覆盖至物料堆上，即可实现苫盖。该苫盖车苫盖效率高，对不同高度堆垛的适用性高，苫盖规范，可减少人工费用，并有效避免人工苫盖的安全风险。该技术的主要设备名称、适用货种及工作原理详见表4.2-26。

双侧行走苫盖车技术说明表　　表4.2-26

项目	说明
主要设备	车体、支撑杆、安装架、驱动辊、苫布
适用场景	干散货露天堆场
工作原理（图示）	该堆场苫盖车包括两个车体，其中一个车体用于在物料堆的其中一侧行走，另一个车体在物料堆的另一侧行走，每个车体均设置向上延伸的支撑杆，两个支撑杆的上端共同连接有安装架，安装架位于物料堆上方。安装架转动设置有转动辊，转动辊的周壁卷绕有苫布。当需要在料堆上覆盖苫布时，操控车体以使车体由料堆的其中一端向另一端的方向移动；同时，驱动件驱动转动辊转动，以放卷苫布，苫布即可自动展开并覆盖至物料堆上，操作便捷、省力。车体移动以覆盖苫布的过程中，安装辊自动转动并放卷压盖网，从而使压盖网自动覆盖在苫布的上表面，以压紧苫布，降低苫布被风吹落的风险。支撑筒体、滑动杆体、调节组件相互配合，便于调节安装架的高度，从而有利于提高对不同高度的物料堆的适用性 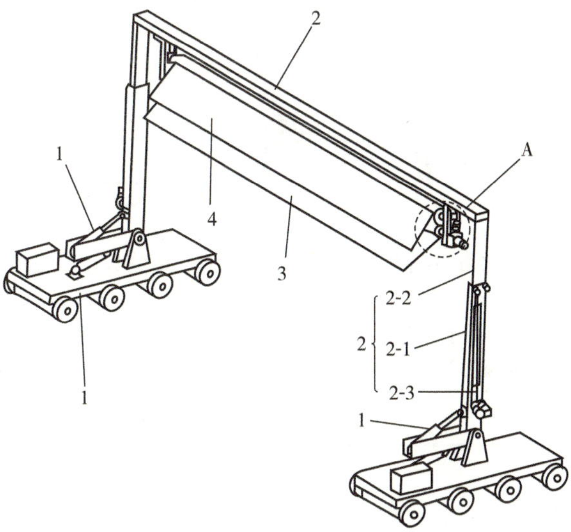 1-支撑组件；2-安装架；2-1-支撑筒件；2-2-滑动杆体；2-3-调节组件；3-苫布；4-压盖网
应用港口	—

范例四　折叠延伸臂苫盖车技术

折叠延伸臂苫盖车通过各支臂展开并达到堆场苫盖所需的高度和宽度，随着移动平台行走将苫布均匀覆盖在料堆上，实现对堆垛的有效苫盖。该技术的主要设备名称、适用货种及工作原理详见表4.2-27。

折叠延伸臂苫盖车技术说明表 表4.2-27

项目	说明
主要设备	移动平台、转塔、折叠延伸臂、油泵油箱、发电机、中央控制器、带管芯苫布
适用场景	干散货露天堆场
工作原理 （图示）	折叠延伸臂苫盖车的构成包括移动平台、转塔、折叠延伸臂、油泵油箱、发电机、中央控制器和带管芯苫布。发电机为移动平台提供电力资源，驱使移动平台在轨道上行走，同时为油泵油箱提供电力资源，由油泵油箱对折叠延伸臂上的各个液压油缸提供动力，使折叠延伸臂上的各个支臂在液压油缸的驱使下工作，使各支臂展开，达到堆场所需的高度和宽度，折叠延伸臂可在转塔上旋转，移动平台和液压油缸的工作都受中央控制器的控制完成；在支臂上安装有带管芯苫布，使用时首先将苫布端头在料堆的边沿由地面压块压住，这样带管芯苫布随着移动平台的行走，苫布均匀覆盖在料堆上
	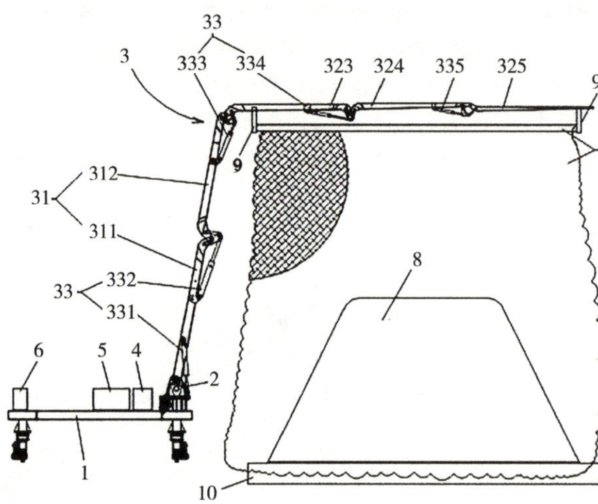 1-平台；2-转塔；3-折叠延伸臂；4-油泵油箱；5-发电机；6-中央控制器；7-带管芯苫布；9-连接座；10-地面压块；31-位置和高度调节支臂；311-第一支臂；312-第二支臂；323-第三支臂；324-第四支臂；325-第五支臂；33-用于支臂延展和收缩的液压油缸；331-第一液压油缸；332-第二液压油缸；333-第三液压油缸；334-第四液压油缸；335-第五液压油缸
应用港口	—

范例五 抑尘剂技术

抑尘剂技术利用抑尘剂与水以适当比例进行配比并搅拌均匀，配制成抑尘剂溶液，喷洒至散货物料堆垛表面，并形成有效结壳来减少风蚀起尘情况。该技术的主要设备名称、适用货种及工作原理详见表4.2-28。

抑尘剂技术说明表 表4.2-28

项目	说明
主要设备	抑尘剂、配置设备、喷洒设备
适用货种	煤炭、矿石等可湿法抑尘的干散货

续上表

<table>
<tr><th>项目</th><th>说明</th></tr>
<tr><td rowspan="2">工作原理
（图示）</td><td>抑尘剂技术利用抑尘剂与水以适当比例进行配比并搅拌均匀，配制成抑尘剂溶液，喷洒至散货物料堆垛表面，形成有效结壳，减少风蚀起尘。
抑尘剂可分为传统的化学抑尘剂和新型抑尘剂。化学抑尘剂按照抑尘机理可以分为四类，包括润湿型抑尘剂、黏结型抑尘剂、凝聚型抑尘剂和复合型抑尘剂。润湿型化学抑尘剂的成分通常是一种或多种表面活性剂以及某些卤化物和无机盐，表面活性剂的主要作用是降低溶液的表面张力，进而起到润湿、渗透、乳化、发泡等作用；无机盐和卤化物等吸湿性化学物质的主要作用是加强表面活性剂的作用。黏结型抑尘剂通过覆盖、黏结、硅化、聚合等作用来抑制扬尘，按照配方不同可分为油类有机抑尘剂和盐类无机抑尘剂，其中油类有机抑尘剂是对原油、沥青和树脂等原料进行乳化从而得到乳状液，乳状液再通过物理和化学吸附与扬尘颗粒黏结从而达到抑尘目的；盐类无机抑尘剂是以黏土、卤化物和粉煤灰等为原料，喷洒后在物料表面形成具有一定强度的固化层，防止颗粒物分散。凝聚型抑尘剂主要成分为吸湿剂，通过凝并作用使小颗粒凝聚成大颗粒，实现快速沉降，从而达到抑尘目的。复合型抑尘剂是在一定的物理或化学条件下，由两种或两种以上的抑尘剂复配而成，将润湿、黏结、凝并等功能统一为一体，使各类抑尘剂发挥其各自的作用。
新型抑尘剂主要包括功能型抑尘剂、高分子抑尘剂、微生物抑尘剂等。功能型抑尘剂主要针对外部环境的差别设计不同功能的抑尘剂，如防火、防冻、防自燃和防腐蚀、抗酸碱等。高分子抑尘剂是利用高分子材料制成的一种新型抑尘剂，主要成分包括聚丙烯酸酯、聚乙烯醇等，通过捕捉、吸附、团聚粉尘，相互渗透形成黏结层来减少物料消耗，从而达到抑尘效果。微生物抑尘剂是利用微生物技术生产出来的生物黏结剂，具有无毒害、可降解的优点</td></tr>
<tr><td>
液态抑尘剂和固态抑尘剂

喷洒抑尘剂后堆垛</td></tr>
<tr><td>应用港口</td><td>日照港、唐山港、营口港</td></tr>
</table>

范例六　抑尘剂制备气动真空上料和称重技术

抑尘剂制备气动真空上料和称重整个过程为密闭操作，物料不会从系统中泄漏，环保性好；输送稳定高速，易实现多点取料、多点投料；输送距离远，水平80m，垂直30m；全部快装式连接，易清洗，同时实现了上料过程精准计量。该技术的主要设备名称、适用货种及工作原理详见表4.2-29。

抑尘剂制备气动真空上料和称重技术说明表　　表4.2-29

项目	说明
主要设备	上料机、气泵、称重装置、PLC控制器等
适用货种	煤炭、矿石等可湿法抑尘的干散货
工作原理（图示）	气动真空上料装置是以密封式输送方式代替传统的机械输送的一种工艺流程，是适合散料输送的一种现代化的物流设备。气动真空上料系统的工作原理为通过电动或气动真空发生装置产生真空，从而外部形成压力差，形成真空气流，将物料吸入自动上料机，过滤系统将物料和空气分离，当物料填满整个上料机时，上料机自动停止上料，打开下料阀，开始下料，振动装置开始工作，辅助下料。同时反吹系统将开始自动清洁过滤滤芯，并起到辅助下料的作用，提高滤芯的使用年限。至此整个输送过程结束。 抑尘剂的生产过程中，为保证产品质量，根据工艺要求，原材料的上料过程需要精准计量，需要在“真空输送”的过程中增加称重装置。粉体真空称重系统由投料站或物料储仓、真空加料机称重装置、PLC控制器等部件组成，可完成单物料定重量加料或多种物料不同配方配料的自动供料配料
	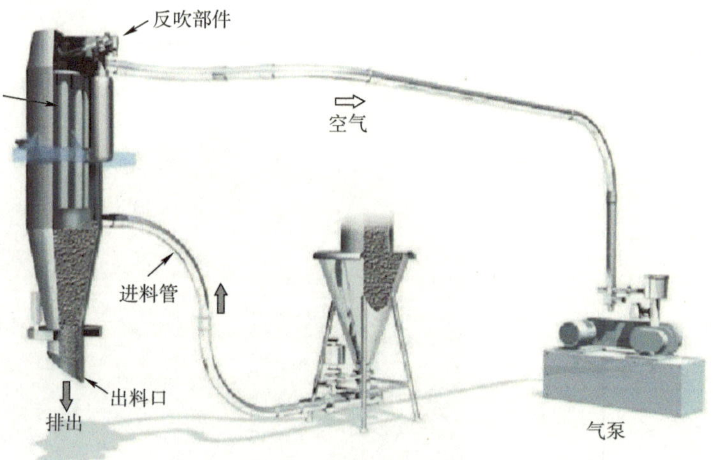 气动真空上料装置

续上表

项目	说明
工作原理（图示）	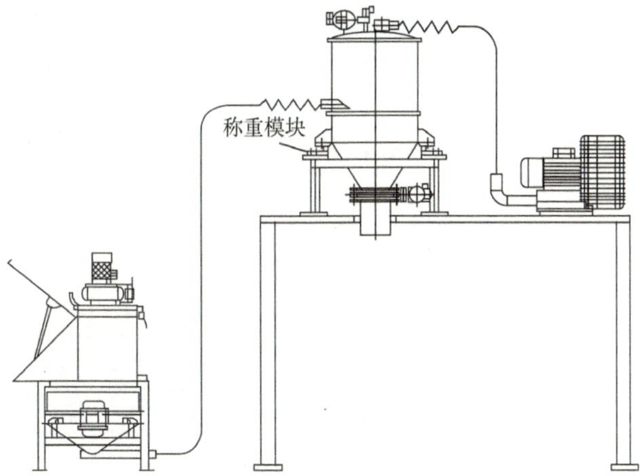粉体真空称重系统
应用港口	日照港

范例七　抑尘剂喷洒车

抑尘剂喷洒车射程远，覆盖面广，操作灵活方便，既可以手动操作，也可以远程遥控操作；旋转半径可达到320°，可随意控制调节水平旋转上升下降喷雾角度，从而大大提高设备使用效率并减少设备投入数量；雾粒为50~200μm，流量可根据不同抑尘剂的需求调节；配套电源灵活，既可用380V的市电供电，也可以配套柴油发电机组供电。该技术的主要设备名称、适用货种及工作原理详见表4.2-30。

抑尘剂喷洒车说明表　　表4.2-30

项目	说明
主要设备	车体、双储罐、弯曲臂、雾炮机
适用货种	煤炭、矿石等可湿法抑尘的干散货
工作原理（图示）	抑尘剂喷洒专用车以洒水车和直臂升降车为设计原型，主要设备包括双储罐、弯曲臂、雾炮机和喷嘴。 储罐采用双储罐布置，在体积上分为主储罐和副储罐，主储罐用于存储抑尘剂，副储罐用于存储清水，清水的主要用途是冲刷喷洒抑尘剂的管路和雾炮，防止设备堵塞。 弯曲臂可实现360°旋转，有效高度根据现场堆垛最大高度设计，避免过高或过低影响作业效果和产生安全隐患。 雾炮机利用风送式原理，将配备好的抑尘剂雾化成50~200μm的雾状颗粒并喷射到较远的距离，使抑尘剂在物料表面凝结为保护膜，从而达到抑尘的目的。 喷嘴选用扇形喷嘴，采用均等分布形式，喷嘴喷幅重叠10%，相邻喷嘴给予5°~15°的偏转角

续上表

项目	说明
工作原理（图示）	
应用港口	日照港

范例八 防护林技术

防护林技术是通过建设防风林带，利用高大树木及树冠减小风速，从而起到抑尘的目的。该技术的主要设备名称、适用货种及工作原理详见表4.2-31。

防护林技术说明表 表4.2-31

项目	说明
项目	防护林
适用场景	干散货露天堆场
工作原理（图示）	防风林带是人工的吸尘器，由于树木高大、树冠能减小风速，可起到抑尘效果，在产生粉尘的堆场外围以及敏感建筑物周围种植各种乔木、灌木和绿篱，发挥其阻挡和过滤作用。针对港口散货堆场的特点，可因地制宜地选用不同的树种作为防风防尘林带树种。目前，防风林带通常是防风网的辅助措施，一般建设于防风网外侧，起到进一步降低堆场风速、抑制粉尘扩散、降噪以及美化环境的作用  

续上表

项目	说明
工作原理（图示）	 
应用港口	在全国沿海、内河干散货港口广泛应用

范例九　固定式防风抑尘网技术

防风抑尘网能够有效降低堆场来流风速，降低散货料堆表面的流速，从而使料堆表面的颗粒起尘概率减小。通过实测统计，在防风网的有效遮蔽区域内，防风网具有明显的防风和抑尘效果。自2018年《中华人民共和国大气污染防治法》明确了露天储存煤炭等易产生扬尘的物料应当设置不低于堆放物高度的严密围挡要求后，防风抑尘网技术被干散货码头广泛应用。防风抑尘网的基础形式一般为桩基或者浅基，网板材质分为镀铝锌板、喷塑钢板、玻璃树脂板、纤维针织网等多种材料，支柱结构一般采用人字架带斜支撑结构（用于普通跨处）或格构柱结构（用于跨越道路或者障碍物处）。该技术的主要设备名称、适用货种及工作原理详见表4.2-32。

固定式防风抑尘网技术说明表　　表4.2-32

项目	说明
主要设备	基础、支架、网片等
适用场景	干散货露天堆场
工作原理（图示）	防风抑尘网利用空气动力学原理，按照实施现场环境风洞试验结果加工成一定几何形状、开孔率和不同孔形组合挡风抑尘墙，通过控制和改善散货堆场的风流场、降低堆场区域的风速和堆场区风流场的紊流度，从而达到减少和抑制堆场区域起尘的目的。强风经过防风网后，其机械能衰减并变为低速风流，在网前的大尺度、高强度旋涡被衰减、梳理成小尺度、弱强度旋涡，形成低风速梯度、低风速旋度、弱涡量和弱紊流度的流场，使散货堆场起尘量减少

续上表

项目	说明
工作原理（图示）	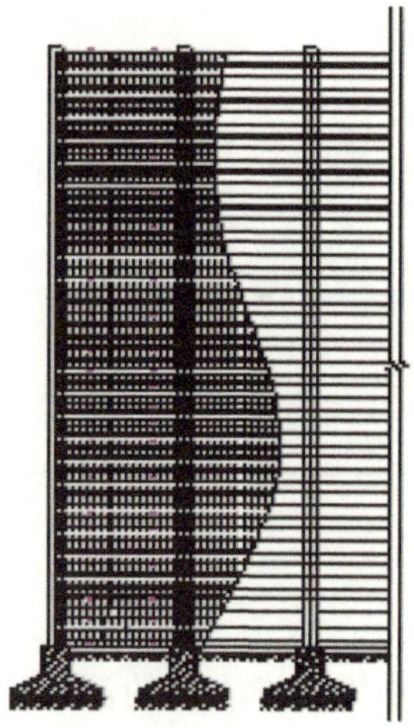 全网形式 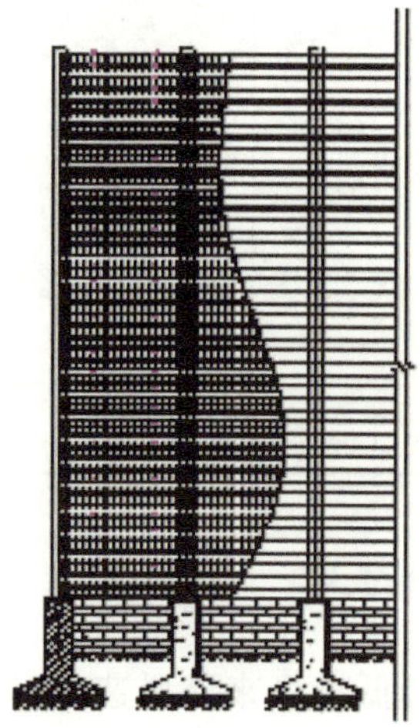 网–墙形式 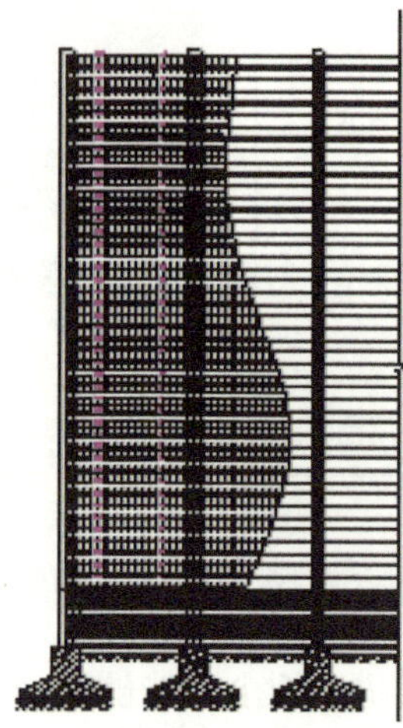 网–百叶窗形式  
应用港口	在全国沿海、内河干散货港口广泛应用

范例十　高度固定型移动防风网技术

高度固定型移动式防风网由底座与防风网组成，与高度可调型移动式防风网功能类似，也可以作为解决露天堆场小范围干散货作业扬尘问题的措施。同时，可在一定条件下代替基础型防风网，主要适用于堆垛较低的干散货堆场。该技术的主要设备名称、适用货种及工作原理详见表4.2-33。

高度固定型移动防风网技术说明表　　　　表4.2-33

项目	说明
主要设备	底座、支架、网片等
适用场景	干散货露天堆场
工作原理（图示）	防风抑尘网利用空气动力学原理，按照实施现场环境风洞试验结果加工成一定几何形状、开孔率和不同孔形组合挡风抑尘墙，通过控制和改善散货堆场的风流场、降低堆场区域的风速和堆场区风流场的紊流度，从而达到减少和抑制堆场区域起尘的目的。强风经过防风网后，其机械能衰减并变为低速风流，在网前的大尺度、高强度旋涡被衰减、梳理成小尺度、弱强度旋涡，形成低风速梯度、低风速旋度、弱涡量和弱紊流度的流场，使散货堆场起尘量减少。 该移动式防风网一般可依靠叉车进行移动，根据港口所处地域风速情况设计配重底座，并作为上部防风网基础，底座底部预留叉车操作孔洞

应用港口	大连港

范例十一　高度可调型移动喷淋防风网技术

高度可调型移动式防风网是一种能灵活、高效地解决露天堆场小范围干散货作业扬尘的措施，可以对动态作业点无法实施洒水喷淋抑尘的问题形成有效补充，如码头装卸点、堆场装卸点、堆场筛分点以及粮食、水泥等特殊货种装卸、灌包等作业。由于移动式防风网具有位置可调的性能，可根据作业区域改变而变换位置，机动性较强，同时可以根据作业活动和环境因素调节高度、实施喷淋，也进一步强化了动态作业点位的扬尘控制。该技术的主要设备名称、适用货种及工作原理详见表4.2-34。

高度可调型移动喷淋防风网技术说明表 表4.2-34

项目	说明
主要设备	防风网、升降机构、移动机构、喷淋机构等
适用场景	煤炭、矿石等可湿法抑尘的干散货露天堆场
工作原理 (图示)	防风抑尘网利用空气动力学原理,按照实施现场环境风洞试验结果加工成一定几何形状、开孔率和不同孔形组合挡风抑尘墙,通过控制和改善散货堆场的风流场、降低堆场区域的风速和堆场区风流场的紊流度,从而达到减少和抑制堆场区域起尘的目的。强风经过防风网后,其机械能衰减并变为低速风流,在网前的大尺度、高强度旋涡被衰减、梳理成小尺度、弱强度旋涡,形成低风速梯度、低风速旋度、弱涡量和弱紊流度的流场,使散货堆场起尘量减少。 该移动式防风网一般依靠牵引移动,设计有升降装置结构,包括升降机械结构、支撑框架、导轨系统等,设计时需要考虑安全性、稳定性以及载重能力,同时应能根据需要迅速展开或收起。此外,该防风网可配套设置喷淋装置,包括喷嘴、泵等喷洒设备及液体供给系统,设计时需要考虑喷洒均匀性、喷洒强度和喷洒范围  
应用港口	镇江港、连云港港

范例十二 高空喷淋抑尘车技术

高空喷淋抑尘车雾炮射程远,可灵活移动,能够满足近距离及远距离的洒水需求,适用性强。该技术的主要设备名称、适用货种及工作原理详见表4.2-35。

高空喷淋抑尘车技术说明表 表4.2-35

项目	说明
主要设备	车体、罐体、管道、水泵、雾炮机
适用货种	煤炭、矿石等可湿法抑尘的干散货
工作原理 (图示)	高空喷淋抑尘车罐体采用机器压板一次性成型技术,采用旋边机,功能包括灌溉、喷洒、道路养护、喷雾降尘、高炮喷射等。高空喷淋抑尘车合理设计水路管道和气控取力器,作业能力强;加大罐体设计,提高了车辆的使用效率;配备大功率洒水喷雾车水泵,可自吸自排,引水时间短,雾炮射程远。可选择加装药盘、气动控制阀、喷药设备、罐内防腐等

续上表

项目	说明
工作原理（图示）	   
应用港口	—

范例十三　堆场喷枪喷淋技术

堆场喷枪喷淋技术主要应用于大型煤矿、铁矿、钢厂、电厂、煤码头和矿石部门的料场、煤堆场、矿石堆场等，实现了对作业过程中粉尘污染的有效控制，喷洒效率高，降低人工成本。该技术的主要设备名称、适用货种及工作原理详见表4.2-36。

堆场喷枪喷淋技术说明表　　表4.2-36

项目	说明
主要设备	喷枪、阀门、泵站、供水管路等
适用货种	煤炭、矿石等可湿法抑尘的干散货
工作原理（图示）	堆场喷枪喷淋系统的组成主要包括喷枪、阀门、泵站和供水管路等，通过洒水喷枪将高压水以水雾的形式均匀地喷洒在料堆表面，在料堆表面形成一个比较湿润的表层，使料堆表面煤尘等在起风时不易被风刮起来，从而起到抑尘的作用。洒水喷枪一般利用水力驱动，不需要外接电源，依靠管道内的水压力，为喷枪的旋转提供动力

续上表

项目	说明
工作原理 （图示）	
应用港口	在全国沿海、内河干散货港口广泛应用

范例十四　堆场智能喷淋技术

堆场智能喷淋技术实现了喷淋系统的远程控制和智能控制、可视化管控，能够精准抑尘，喷洒效率高，节约水资源，降低人工成本。该技术的主要设备名称、适用货种及工作原理详见表4.2-37。

堆场智能喷淋技术说明表　　表4.2-37

项目	说明
主要设备	堆场智能喷淋系统、喷枪、传感器、阀门、泵站、网络等
适用货种	煤炭、矿石等可湿法抑尘的干散货
工作原理 （图示）	堆场智能喷淋系统架构由数据采集和传输层、处理与控制层、数据存储与分析层、执行层和用户界面层五个部分组成。数据采集和传输层负责对传感器采集到的数据进行采集、处理和传输。通过对数据进行预处理、压缩和编码，以无线或有线通信的方式传输到上层处理单元。处理控制层对接收到的传感器数据进行分析、处理和决策。基于智能决策算法和喷枪控制单元，判断喷淋设备的工作时间、强度、频率等参数并实现实时反馈，以适应当前的环境情况。数据存储层对传感器数据、控制日志等信息进行存储，利用数据库和数据分析工具，生成报告、趋势分析等。执行层指实际的传感器单元、喷淋设备及控制机构，根据处理与控制层的指令，控制喷淋设备电动阀门、喷头、泵等装置的工作状态，实现喷淋操作。用户界面层基于移动应用、网页或终端设备的界面，允许用户监控系统状态、调整参数和进行反馈。用户界面使系统更易于管理和控制，提供了与系统交互的途径

续上表

<table>
<tr><th>项目</th><th>说明</th></tr>
<tr><td>工作原理
（图示）</td><td>
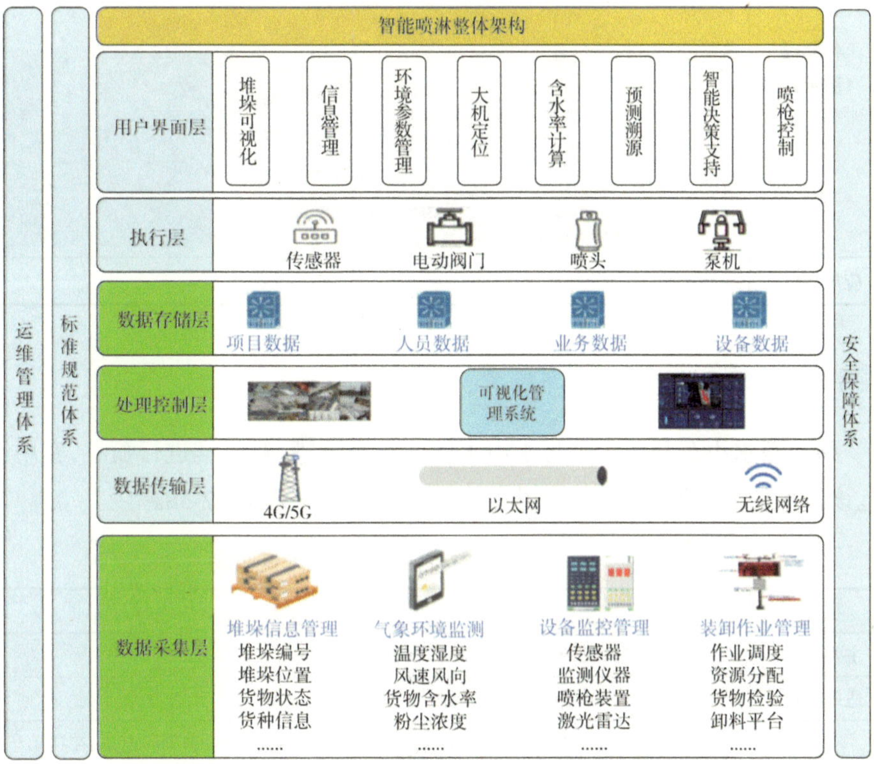

</td></tr>
</table>

续上表

项目	说明
工作原理（图示）	
应用港口	营口港

范例十五　堆场移动洒水小车技术

移动洒水小车利用水泵将水由水箱输送至喷嘴，对料堆进行喷淋，实用性强，适用范围广。该技术的主要设备名称、适用货种及工作原理详见表4.2-38。

堆场移动洒水小车技术说明表　　表4.2-38

项目	说明
主要设备	移动车、支撑架、喷嘴架、输水管、水箱、水泵等
适用货种	煤炭、矿石等可湿法抑尘的干散货
工作原理（图示）	移动洒水小车包括移动车、支撑架、喷嘴架、输水管、水箱、水泵和电源。在移动车上安装水泵、水箱和喷嘴架，喷嘴架上均匀分布有多个喷嘴，利用水泵将水由水箱输送至喷嘴，对料堆进行喷淋，可以确保喷淋的均匀性，减少水资源浪费，由于支撑架向移动车的外侧伸出，可有效解决操作人员需要爬上料堆的麻烦，消除了安全隐患。喷淋架可以对喷嘴进行分组控制，实用性强、适用范围广
	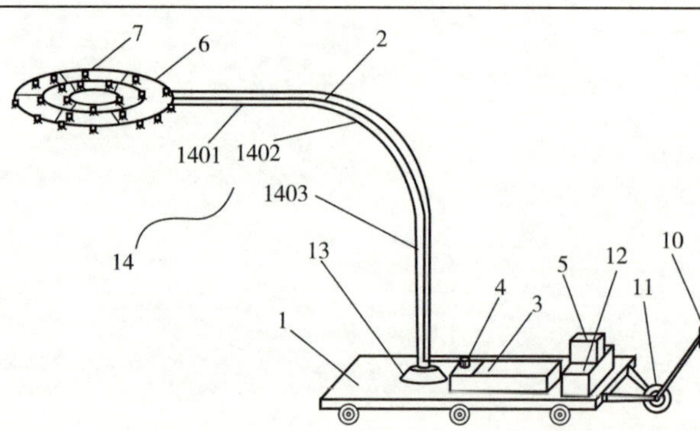 1-移动车；2-输水管；3-水箱；4-水泵；5-电源；6-喷嘴架；601-环形水管；602-连接管；603-连杆；7-喷嘴；8-阀门；9-加强筋；10-把手；11-转向轮；12-配重块；13-支撑座；14-支撑杆；1401-水平段；1402-弧形段；1403-竖直段
应用港口	—

范例十六 移动式双悬臂抑尘技术

移动式双悬臂抑尘机具备智能洒水、喷雾、起吊、堆垛扫描等多种功能，设备自身具备动力，能够实现沿堆场坝基轨道自行往复行走。该装置可用于喷洒抑尘剂，同时具有辅助苫盖的作用。该技术的主要设备名称、适用货种及工作原理详见表4.2-39。

移动式双悬臂抑尘技术说明表 表4.2-39

项目	说明
主要设备	行走装置、支撑装置、外伸臂、水箱、卷扬机、除尘喷嘴、垛形扫描设备
适用货种	煤炭、矿石等可湿法抑尘的干散货
工作原理（图示）	移动式双悬臂抑尘设备包括行走装置、支撑装置、外伸臂、水箱、卷扬机、除尘喷嘴和垛形扫描设备，该装置具备智能洒水、喷雾、起吊、堆垛扫描等多种功能。 行走装置自带动力，能够实现自动喷洒及巡检，利用垛形扫描设备可根据堆垛实际尺寸进行精准洒水，以实现节约用水的目的。 水箱用于存放喷洒用水和抑尘剂。 支撑装置的上部对称设有一对外伸臂，外伸臂上沿长度方向设置有卷扬机、除尘喷嘴、垛形扫描设备，卷扬机包括等间隔地设置在外伸臂一侧下部的若干吊钩，用于起吊苫布，辅助苫盖作业；除尘喷嘴等间隔地设置在外伸臂另一侧的底部，与水箱相连，用于喷水、喷雾及抑尘剂；垛形扫描设备等间隔地设置在外伸臂底面中部，与和其相邻的除尘喷嘴的控制开关点连接，根据垛形扫描设备回传的数据控制除尘喷嘴在垛位上方作业。 外伸臂上还设有水分自动检测装置、粉尘自动检测装置、热成像检测装置，水分自动检测装置、粉尘自动检测装置实现对干散货堆场相关重要参数的实时检测，为洒水、喷雾等作业提供前端分析数据；热成像技术用于观测干散货堆场内部温升情况并及时处理避免自燃，造成经济损失或生产事故
	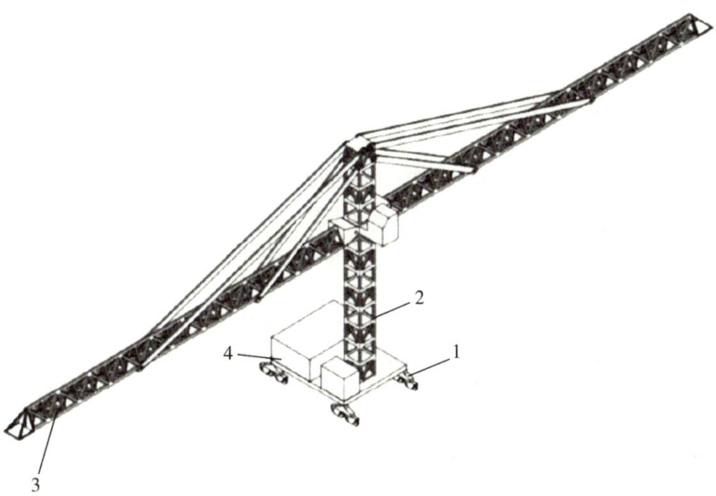 1-行走装置；2-支撑装置；3-外伸臂；4-水箱
应用港口	—

4.3 环境管理

现阶段，我国的散货港口高度重视粉尘污染防治，除了在作业环节配套各类型的环保措施外，有效的环境管理也起到关键的作用。如何在现有基础设施条件下，通过构建完善的、全流程的环境管理体系，实现“硬措施+软管理”的综合管理模式，最大限度降低粉尘污染，是当前散货港口企业面临的关键问题，也是港口环保工作者的重要责任。近几年，在“世界一流”港口和加快建设交通强国的倡导下，部分沿海散货港口正在转变观念，从自身问题出发，不断寻求适应企业发展的环境管理模式，积极构建现代化的粉尘污染管控体系，以顺应当今日益严格的环境管理要求与时代发展需求。本指南主要从制度建设、日常管理、环境监测和信息化管理四个角度入手，列举并分析港口环境管理范例。

4.3.1 制度建设

通过调研及资料收集，系统梳理通用散货码头制度建设工作开展情况，本书主要从制定规范化作业流程、针对性管理规定、环保制度体系文件及编制环保标准规范四方面入手，整理形成可参照性制度体系建设范例，见表4.3-1~表4.3-4。

范例一　制定规范化作业流程

港口制定规范化作业流程范例　　表4.3-1

项目	说明
1. 制定卸车作业流程	
解决问题	汽运集港普遍存在进港车辆易错过进港时间、对港内路线不熟悉导致迷路、到达指定垛位后需要较长等待理货员就位检查、派车过程需要耗费大量时间等等一系列影响装卸效率的问题
实施情况	山东港口日照港持续增强优质服务意识，深入了解客户需求，创新服务举措，在日照港各公司全面推行“春天服务”，创新实施服务五步法，坚持“接触、发现、思考、回应”的闭环管理，不断优化装车预约服务，更新导航地图，畅通绿色通道，科学调配机械，严格机械考核，实现车辆“进装出”零等待。 操作流程如下： (1)进港前，货车司机的手机端会收到进港放行信号，确认后起动车辆进港，如司机未在手机端确认，会有电话提醒进港，保证货车司机不会错过进港时间。 (2)货车司机进港后前往港内卸车点，到达相应垛位旁等待卸车，在此环节，企业开发应用了舟道网导航，司机跟随导航定位即可快速定位到目的地。 (3)货车到达指定卸车垛位，此时现场理货员已就位，理货员核对司机的舟道网垛位信息，检查立柱捆绑情况后，及时告知中控室进行派车。 (4)装载机抵达垛边，装载机司机向货车司机告知安全注意事项，随后进行作业区域的封闭，开始卸车

续上表

<table>
<tr><th>项目</th><th>说明</th></tr>
<tr><td>实施效果</td><td>通过制定规范化的卸车作业流程，使整个进港-检查-派车-卸车流程通畅高效，较传统进出港流程节约一半时间，大大提高了作业效率</td></tr>
<tr><td>实施港口</td><td>日照港</td></tr>
<tr><td colspan="2">2.制定针对性堆垛抑尘措施</td></tr>
<tr><td>解决问题</td><td>多数干散货港口企业抑尘措施针对性不强，精细化管理水平低，采用单一的抑尘措施无法达到高效抑尘目的</td></tr>
<tr><td>实施情况</td><td>日照港石臼港区、岚山港区货垛堆存根据堆存区域、货种特性、季节降雨量等多种抑尘效果影响因素，灵活采用苫盖、喷洒抑尘剂、喷淋覆盖三种抑尘方式相结合的抑尘措施，并根据港区货垛堆存实际，探索形成了一套适用于大宗干散货流程化堆场、传统通用堆场货垛抑尘措施标准体系。
(1)流程化堆场。
全面采用喷淋覆盖方式及抑尘剂抑尘。雨季(6~10月)或连续出现降雨天气时使用喷淋覆盖方式抑尘；冬季取暖季(12月至次年3月)采用抑尘剂抑尘；堆场中堆存托克粉、巴西粗粉、精粉、石油焦、褐煤等易起尘或抑尘剂抑尘效果不佳的货垛时，使用苫盖方式抑尘。
(2)非流程化堆场。
堆场中堆存球团碎、毛粉、精粉、石英砂、铬铁、石油焦、褐煤等易扬尘或抑尘剂抑尘效果不佳的货种货垛时，使用苫盖方式抑尘；堆存焦炭、铝土、矿砂、镍矿等易塌货垛时，使用抑尘剂方式抑尘</td></tr>
<tr><td>实施效果</td><td>进一步规范了干散货货垛抑尘措施管理，细化了货垛抑尘工作，全面推进扬尘污染防治工作走深、走实</td></tr>
<tr><td>实施港口</td><td>日照港</td></tr>
<tr><td colspan="2">3.制定散货堆垛喷淋覆盖规程</td></tr>
<tr><td>解决问题</td><td>大多数港口企业的干散货堆垛喷淋抑尘措施执行不到位、无相关标准要求，设施建设仅用于应付日常检查，作业过程中不能确保同步开启</td></tr>
<tr><td>实施情况</td><td>日照港为确保散货堆垛喷淋覆盖措施的执行效果，针对石臼港区、岚山港区的实际情况，制定了针对性的喷淋覆盖执行标准，对喷淋时间、操作要求及特殊天气条件下的喷淋次数均作出了详细规定。
(1)时间要求。
结合货垛含水率等货种信息，在货垛建成后立即采取1次喷淋覆盖。
(2)操作要求。
确保喷淋均匀、覆盖完全，优先使用中水，确保表层24h湿润(含水率不低于9%)、不起尘；堆场喷枪完好度保持在98%以上；喷枪在冬季应采取保温措施，冻土层以上部分的供水支管应采取电伴热等防冻措施。
(3)特殊天气要求。
在5级大风、Ⅲ级重污染天气响应时，每日增加2次喷淋；在7级大风、Ⅱ级重污染天气响应时，每日增加3次喷淋；在9级大风、Ⅰ级重污染天气响应时，每日增加4次喷淋；特殊天气期间堆场管理单位要做好喷淋记录</td></tr>
<tr><td>实施效果</td><td>通过制定针对性喷淋覆盖措施要求，规范了干散货堆场喷淋抑尘措施的有效实施，确保了抑尘效果</td></tr>
<tr><td>实施港口</td><td>日照港</td></tr>
</table>

续上表

项目	说明
4.制定散货堆垛苫盖规程	
解决问题	大多数港口企业的干散货堆垛苫盖不规范、篷布绳网过松、包角不密贴、固定性差，导致物料裸露、造成风蚀起尘等问题
实施情况（图示）	为了满足散杂货堆场抑尘及美观的要求，山东港口以规范、环保、标准为目标，在散货堆场盖出“珍珠垛”。压垛袋的装货量、压垛距离、对压垛袋如何布局、缝包机如何走线等需要结合企业散货堆垛现场情况进行有针对性的设计。同时，为了规范苫盖作业，制定了货垛苫盖管理办法，针对货垛安全评估、苫盖前、盖垛时、盖垛后、揭垛、检查及考核等方面均提出了具体要求。 (1)货垛安全评估要点。 对苫盖的货垛要提前进行安全评估，确认货垛无塌垛风险方可进行苫盖、揭垛作业。苫盖垛位要在建垛完成48h内完成苫盖，如遇大风、降雨、降雪、雷电等天气可适当进行后延。对于易塌货种，如巴西矿、精粉、煤炭等含水率大的货种，根据卸船后含水率的情况沉淀凝固3d以上才可以进行苫盖作业。 (2)苫盖前要求。 苫盖作业前，要提前现场查看并制定苫盖计划、盖垛次序和标准；对于含水率大的货种需要沉淀凝固苫盖的，须做好记录（卸船时间，含水率多少），沉淀3d以上，工作人员现场查看货垛，确定是否符合苫盖条件；对于正在市入的焦炭垛，不进行苫盖，须由相关工作人员做好记录（何时开始市入，每天市入量的记录），待市入结束垛形达标后再组织苫盖。 (3)苫盖要求。 苫盖货垛要到边到角，垛边清理彻底，压实到位，其中苫盖网压单个实物重量不低于10kg，1份苫盖网压实物密度不低于40个，大风揭垛的货垛要在6h内恢复苫盖，苫盖垛位作业采取半幅开垛作业，作业结束后24h内恢复苫盖；货垛苫盖要先盖篷布，后盖密目网，保证篷布连接无缝隙，外表平整，拴挂牢靠；苫盖网要使用不低于2000目的密目苫盖网，石油焦、褐煤等货种要使用多层苫盖或使用防雨布苫盖；在往货垛拉篷布时，苫盖方必须出专人指挥，人员应离货垛边缘3m以上的安全距离；垛顶或垛坡放压垛袋时，放袋人员必须拴挂安全绳，一人作业一人拉安全绳监护；压篷布的编织袋必须灌装同品位的货物；货垛垛顶凹凸处要填平压实。 (4)苫盖后要求。 垛上人员应抓牢篷布拴挂绳顺向下垛，每根拴挂绳只能一次下1个人，严禁从4个垛角下垛；剩余苫盖材料必须按苫盖管理员要求及时回收，篷布垛5m范围内无杂质杂物；大风或雨天过后要及时组织苫盖人员对货垛进行集中检查。 (5)揭垛要求。 篷布局部剥离时，垛上剩余的篷布边缘要用灌装编织袋压实；剥离篷布时，必须人工进行拆线作业，严禁用刀割篷布；挂袋须回收，破损不能二次利用的袋子归废品垛，挂袋中的货物归原垛；能够重复利用的篷布、密目网按照不同规格定置单独堆放，裁剪成大块盖垛，小块封垛，不能再利用的归废品垛；精粉、巴粗粉等特殊易塌货垛揭垛作业过程中，应停止搬倒、市提、取料等作业，以防货垛局部松动坍塌造成伤害；对于其他澳粉以及球、块类货垛，作业人员严禁在堆取料机臂架转动范围内作业，作业过程中要主动远离搬倒、市提、取料等作业中的作业面，保持10m以上安全距离，并由专人监护作业

续上表

项目	说明
实施情况（图示）	 
实施效果	“珍珠垛”不仅外形整齐美观，而且牢固抗风，还能够有效避免大雨对货垛的影响，防止货垛因吃水太多造成货垛坍塌，一举多得
实施港口	青岛港、日照港、威海港

范例二　制定针对性管理规定

制定针对性管理规定范例　　表4.3-2

项目	说明
1.制定网格化管理措施	
解决问题	环境保护职责分工模糊，环保主体责任落实不到位，出现问题不能找到具体责任人，环境管理效能低

续上表

<table>
<tr><th>项目</th><th>说明</th></tr>
<tr><td>实施情况</td><td>
为了进一步细化环境保护职责分工，强化环保主体责任落实，唐山港股份有限公司安全环保部发布了《关于全面推行环保网格化管理的通知》，建立职能、属地二级环保网格化管理机制。

监管单位环保网格化分工表
<table>
<tr><th>序号</th><th colspan="2">现场检查人员</th><th>监察内容</th><th>责任区划分</th></tr>
<tr><td>1</td><td></td><td></td><td rowspan="6"></td><td></td></tr>
<tr><td>2</td><td></td><td></td><td></td></tr>
<tr><td>3</td><td></td><td></td><td></td></tr>
<tr><td>4</td><td></td><td></td><td></td></tr>
<tr><td>5</td><td></td><td></td><td></td></tr>
<tr><td>6</td><td></td><td></td><td></td></tr>
</table>

属地单位环保网格化管控表
<table>
<tr><th>所属单位</th><th>区域</th><th>网格区域</th><th>设备队</th><th>设备类型</th><th>车号</th><th>面积（m^2）</th><th>网格长</th><th>网格员</th><th>辅助网格员</th></tr>
<tr><td></td><td></td><td></td><td></td><td></td><td></td><td></td><td></td><td></td><td></td></tr>
<tr><td></td><td></td><td></td><td></td><td></td><td></td><td></td><td></td><td></td><td></td></tr>
<tr><td></td><td></td><td></td><td></td><td></td><td></td><td></td><td></td><td></td><td></td></tr>
<tr><td></td><td></td><td></td><td></td><td></td><td></td><td></td><td></td><td></td><td></td></tr>
<tr><td></td><td></td><td></td><td></td><td></td><td></td><td></td><td></td><td></td><td></td></tr>
<tr><td></td><td></td><td></td><td></td><td></td><td></td><td></td><td></td><td></td><td></td></tr>
<tr><td></td><td></td><td></td><td></td><td></td><td></td><td></td><td></td><td></td><td></td></tr>
<tr><td></td><td></td><td></td><td></td><td></td><td></td><td></td><td></td><td></td><td></td></tr>
<tr><td></td><td></td><td></td><td></td><td></td><td></td><td></td><td></td><td></td><td></td></tr>
<tr><td></td><td></td><td></td><td></td><td></td><td></td><td></td><td></td><td></td><td></td></tr>
<tr><td></td><td></td><td></td><td></td><td></td><td></td><td></td><td></td><td></td><td></td></tr>
<tr><td></td><td></td><td></td><td></td><td></td><td></td><td></td><td></td><td></td><td></td></tr>
<tr><td></td><td></td><td></td><td></td><td></td><td></td><td></td><td></td><td></td><td></td></tr>
<tr><td></td><td></td><td></td><td></td><td></td><td></td><td></td><td></td><td></td><td></td></tr>
<tr><td></td><td></td><td></td><td></td><td></td><td></td><td></td><td></td><td></td><td></td></tr>
<tr><td></td><td></td><td></td><td></td><td></td><td></td><td></td><td></td><td></td><td></td></tr>
<tr><td></td><td></td><td></td><td></td><td></td><td></td><td></td><td></td><td></td><td></td></tr>
<tr><td></td><td></td><td></td><td></td><td></td><td></td><td></td><td></td><td></td><td></td></tr>
</table>
</td></tr>
<tr><td>实施效果</td><td>网格化管理机制有效推动监管关口前移、管理纵向延伸，形成“属地管理、分级负责、全面覆盖、责任到人”的管理体系，持续提升公司环境治理水平，切实改善港区环境</td></tr>
<tr><td>实施港口</td><td>唐山港、日照港</td></tr>
<tr><td colspan="2">2.制定环保作业标准化手册</td></tr>
<tr><td>解决问题</td><td>港口环保设备操作方法、作业过程及维护无相应的标准，导致作业不规范、清理及抑尘效果无法得到有效保障</td></tr>
</table>

续上表

项目	说明
实施情况	为了进一步细化环保设备作业规范性,维护港区内各作业区域的环境质量,持续提升公司环境治理水平,切实改善港区环境,唐山港组织编制了《唐山港集团股份有限公司环保作业标准化手册》。 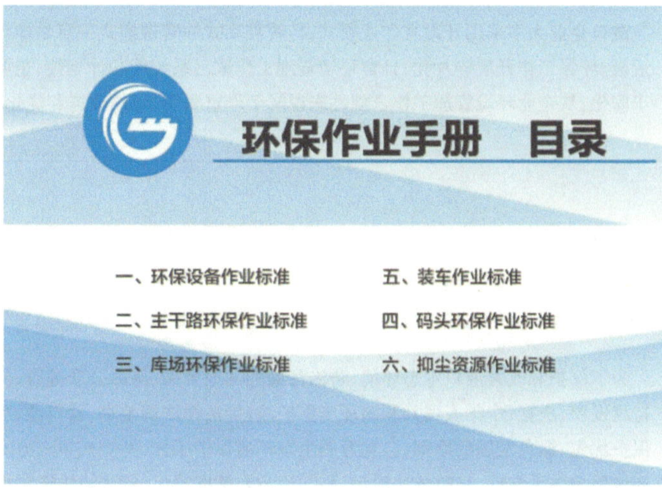 为保障环境管理能力不断提升,镇江惠龙长江港务有限公司制定了《惠龙港绿宝书》,分岗位、分环节制定环保职责及标准 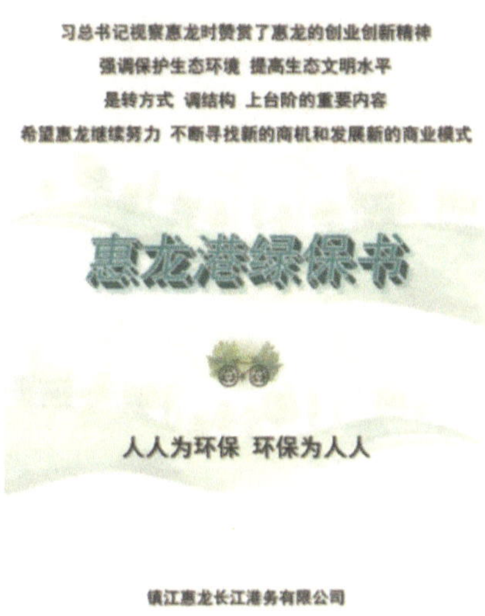 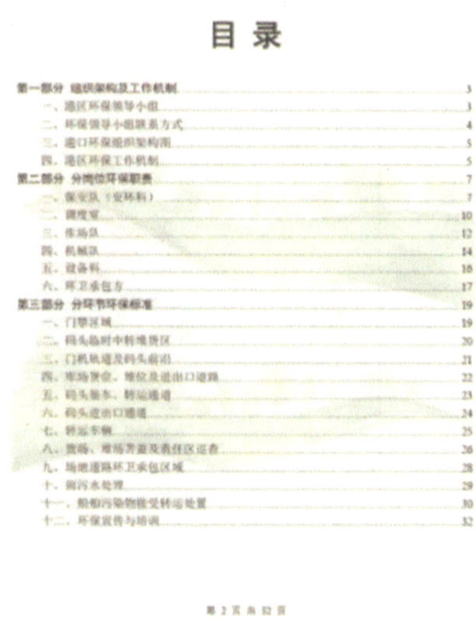
实施效果	环保作业手册及“绿宝书”等文件的编制,有效提升了唐山港及惠龙港的环境管理效能,从源头细化环保设备作业规范性,维护港区内各作业区域的环境质量,持续提升公司环境治理水平,切实改善了港区环境
实施港口	唐山港、镇江港

范例三　制定环保制度体系文件

港口制定环保管理制度体系汇编文件范例　　表4.3-3

项目	说明
解决问题	港口企业大多采用开敞式作业模式，传统被动式的管理模式一直是港口企业生态环境保护工作的短板。环保工作开展碎片化，日常环境管理工作缺乏系统性和计划性，企业环保体系文件不完整或过于简化，从企业环境管理工作合规性来说属于严重漏洞，亟须改进和优化
实施情况	为了保护和改善港口生态环境、防治污染和其他公害、保障公众健康、促进绿色生态港口建设和可持续发展，根据《中华人民共和国环境保护法》等法律法规要求，营口港、唐山港等港口坚持生态环境保护优先、绿色发展的原则，自觉开展生态环境保护工作，特委托第三方专业环境咨询机构编制完善环境保护体系文件，坚持依法治污、科学治污和精准治污，营造知法守法氛围  营口港散货码头有限公司 环境保护体系管理文件汇编 二〇二三年 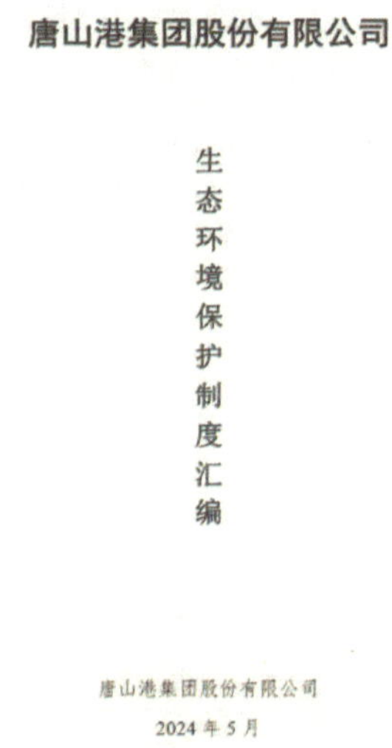 唐山港集团股份有限公司 生态环境保护制度汇编 唐山港集团股份有限公司 2024 年 5 月
实施效果	优化港口企业传统粗放式管理模式，变被动管理模式为主动管理模式，规范环境管理工作，使日常环境管理工作具有系统性、计划性、针对性，确保企业环保工作合法合规
实施港口	营口港、唐山港

范例四 编制环保相关标准规范

港口编制环保标准范例 表4.3-4

项目	说明
解决问题	在"双碳"目标的引领下，国家对港口行业环境保护与节能降耗提出了更高层次的要求，也成为新时代港口发展的重要趋势。干散货港口也根据自身特点及资源优势不断提高粉尘治理水平，部分散货港口局部环节粉尘控制取得显著效果，但总体粉尘污染仍较为严重。其面临的主要问题在于，大宗干散货港口仍采取露天作业模式，干散货堆存过程中，由于受外界气象因素影响不可避免地造成粉尘无组织排放，也构成干散货港口区域大气污染的主要来源。长久以来，干散货码头主要通过风障技术与湿法喷淋技术抑制静态风蚀起尘，此两项技术沿用多年，应用局限性也逐渐凸显。抑尘剂在其他行业粉尘污染防治过程中取得了良好成效，近年也逐渐在港口行业得以广泛应用，尤其对于抑制干散货堆存过程中风蚀起尘效果显著。抑尘剂在干散货码头中应用存在规范性差、无相关标准规范做参考和指导、抑尘效果难以保证等问题
实施情况	针对抑尘剂喷洒不规范、抑尘效果难以保证等问题，山东港口日照港会同日照市环境保护科学研究所有限公司编制了团体标准《港口散装物料堆场抑尘剂及应用规范》(T/ESSD 001—2022)，该标准是国内港口行业首个散装物料堆场抑尘剂标准 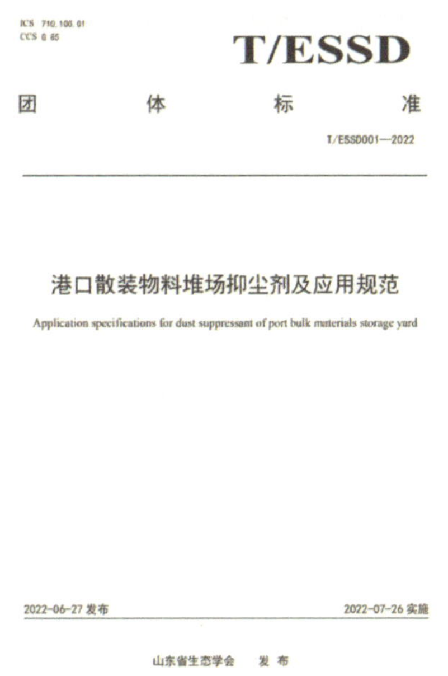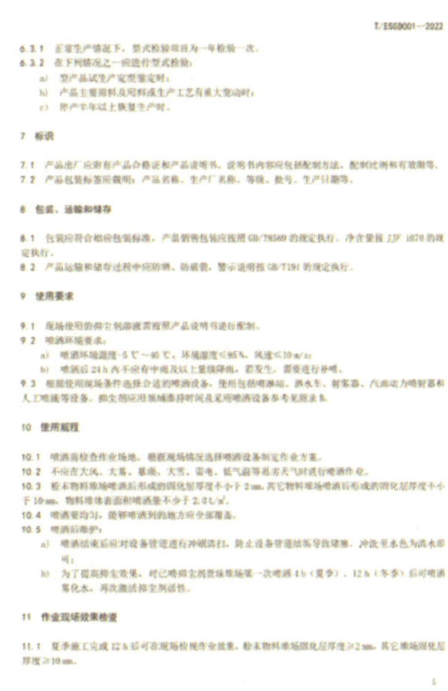
实施效果	标准中明确了抑尘剂的产品性能要求、使用要求、使用规程、作业现场效果检查和效果评价方法等，适用于煤炭堆场、各类金属及非金属矿石堆场等港口散装物料堆场的抑尘剂使用。标准的发布是企业落实环保主体责任、打造"全国港口散货作业智慧绿色新标高"的又一崭新成果，开启了港口行业抑尘剂应用标准化、规范化、精细化的新篇章
实施港口	日照港

4.3.2 日常管理

通过调研及资料收集，系统梳理通用散货码头日常管理工作开展情况，主要从开展日常环保隐患自查、委托开展环保隐患排查、开发移动端环境隐患排查小程序三方面入手，整理形成可参照性范例，见表4.3-5~表4.3-7。

范例一 开展日常环保隐患自查

港口制定内部环保巡检流程及应用范例 表4.3-5

项目	说明
解决问题	企业内部环境隐患排查无规范化流程，每年的定期检查无法做到及时发现存在的环境问题，并采取相应措施避免环境污染事故的发生
实施情况	为了加强港口环境管理水平，规范环保巡检流程，特委托第三方环境咨询单位在生态智慧管控系统内增设了环保巡检模块，并同步开发了手机端App应用。环保巡检模块分为日常检查、专项检查、上级检查及环保督察四个模块。巡检记录包括巡检时间、巡检人、被巡检单位、巡检结果、整改期限等，巡检结果可推送至被巡检单位，被巡检单位在规定时间内完成整改反馈等内容填报，同时对于有异议的巡检结果可以提出申诉。港口安环部或其他有关部门可依据实际工作需要，增加、删除、修改巡检工作记录。此外，巡检模块还可以提供巡检内容查询及统计功能，可依据巡检信息统计显示特定时段内的巡检情况。巡检记录及统计结果支持导出 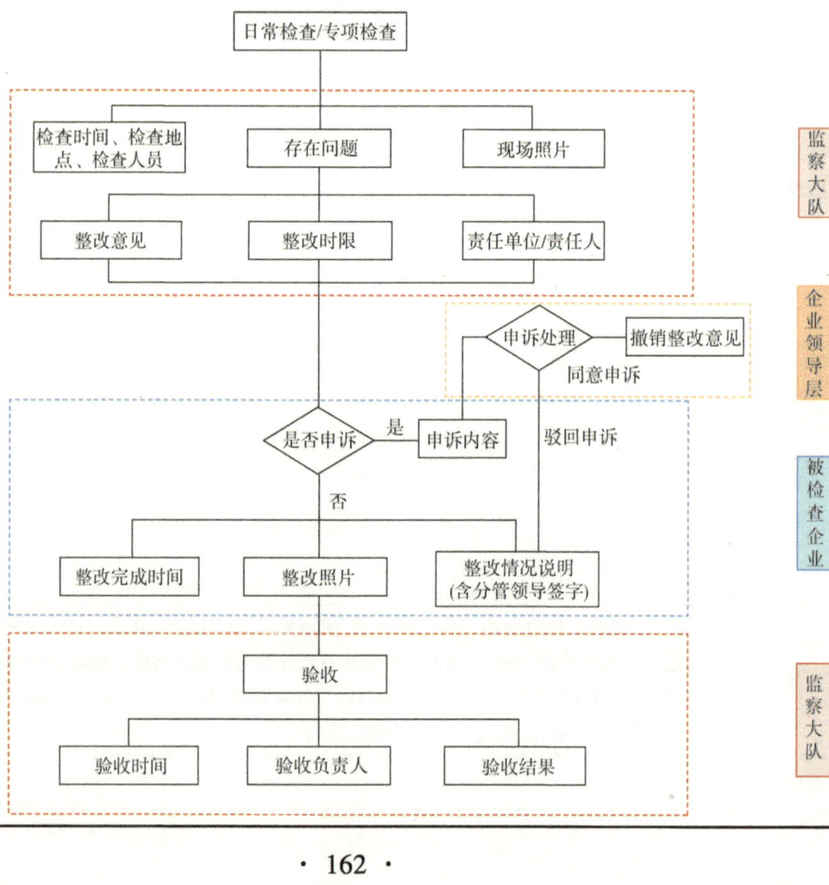

续上表

项目	说明
实施效果	有效规范了企业内部环境隐患排查流程，定期组织开展巡查，及时发现存在的环境问题并采取相应措施避免环境污染事故的发生，有效提高企业环境管理效能
实施港口	青岛港

范例二　委托开展环保隐患排查

委托开展环保隐患排查范例　　表4.3-6

项目	说明
解决问题	随着国内各行业产业升级，港口企业已走出粗放型发展阶段，正朝着资源节约、环境友好方向发展，港口企业的环境意识有了较大提升，但受制于自身人员能力不足、专业水平不够等因素，在面对散货转运工艺环节多、尘源分散、治理难度大要求高等问题以及当前多轮次的环保督察时，往往显得无从下手
实施情况	基于国家及地方现行环境管理要求，各港口企业从自身实际情况出发，委托第三方环境保护专业咨询机构组织行业及环保专家定期开展隐患排查，在明确各作业区域布局、作业货种、作业方式及作业量等信息的前提下，对标明确各作业公司环评、验收、排污许可、应急预案等环保手续、环保制度、管理台账、监测计划及执行情况等环保内业资料以及作业区域内大气、水、噪声及固体废弃物污染防控设施配套与环境管理工作中存在的问题，形成全要素风险隐患排查清单，并提出针对性整改方案  
实施效果	通过邀请行业专家及专业咨询机构定期组织开展环保隐患排查，从专业视角全方位查找问题，使港口企业明确自身存在的环境隐患，并针对性采取相应措施，有效避免了日后环保督察或检查中由于不合规导致受到处罚或通报
实施港口	青岛港、营口港、唐山港、舟山港

范例三　开发移动端环境隐患排查App

开发移动端环境隐患排查App范例　　表4.3-7

<table>
<tr><th>项目</th><th>说明</th></tr>
<tr><td>解决问题</td><td>传统管理模式导致的环境问题发现及反馈不及时、全员参与程度低、环保管理效能低等问题</td></tr>
<tr><td>实施情况</td><td>为切实做好环境管理工作，湛江港自主研发并成功运行了安全环保随手拍手机App，鼓励发动全体员工关注环保、投身环保，及时发现问题，齐查共改促进环保平稳。要求全体员工安装环保问题随手拍手机App，发现环保问题后，打开App，填写发现时间、地点及所属作业公司，同时注明问题具体情况及涉及的环保隐患，上传至环境管理平台后，由环保管理部门受理，按照问题类型和整改难易程度规定整改要求和时限，促进问题有效整改。

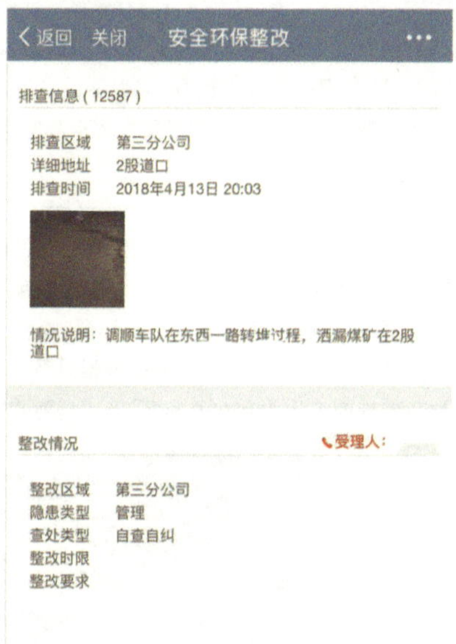

温州港下属温州金洋集装箱码头有限公司为了更系统高效地开展隐患排查，于2024年7月开发并投入使用“安科兴系统”，用于安全环保管理。系统上线后，检查过程中发现的问题在该系统上进行上传和下达。整改后，相关部门在系统上针对整改情况进行反馈，大大提高了环境管理效率

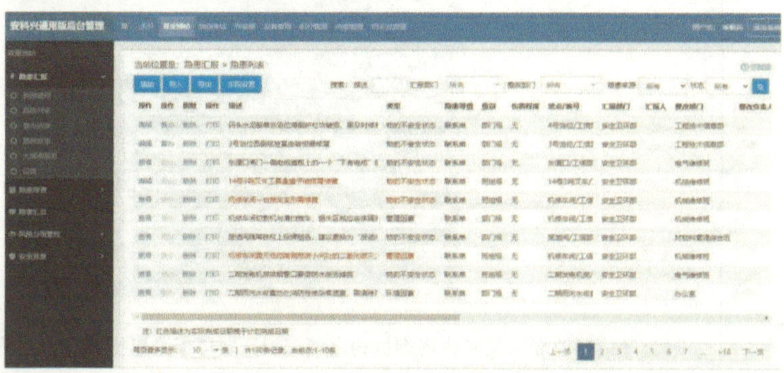
</td></tr>
<tr><td>实施效果</td><td>实现了全员参与环保隐患排查，有效提高企业环境管理效能，使环保问题的发现和处理更加及时，将问题处理在萌芽阶段，避免发生严重的污染事件</td></tr>
<tr><td>实施港口</td><td>湛江港、温州港</td></tr>
</table>

4.3.3　环境监测

通过调研及资料收集，系统梳理通用散货码头环境监测工作的开展情况，主要从手工例行监测、在线监测、车载走航监测、无人机监测、机器人监测及环保设施抑尘效率评估监测几方面入手，整理形成可参照性范例，见表4.3-8~表4.3-13。

范例一　手工例行监测

港口定期组织开展例行监测范例　　表4.3-8

项目	说明
解决问题	港口企业难以及时掌握自身粉尘排放情况、履行排污责任主体的监测义务、自证守法
实施情况	国投曹妃甸港口有限公司制定了详细的年度手工监测计划，能够完全满足环评手续及排污许可手续中要求的监测频次和监测因子要求。通过委托专业检测机构定期组织开展自行监测，掌握自身的排污状况、污染治理设施的运行状况以及可能对周边环境质量的影响状况，为港口污染治理和环境管理提供基础数据支撑
实施效果	通过制定详细的监测计划并与专业检测机构签订合同，严格按照监测计划组织开展监测，确保企业监测因子、监测频次等均能够满足环保手续及相关管理要求，有效保障了企业例行监测工作的合规性
实施港口	曹妃甸港、黄骅港

范例二　扬尘在线监测

港口应用扬尘在线监测范例　　表4.3-9

项目	说明
解决问题	企业难以及时了解港区关键点位粉尘污染实时情况、提高港口粉尘污染管理效率、确保粉尘排放达标
实施情况	为了提高港口粉尘污染管控效能，减轻人员巡视工作量，部分港口企业在码头面及港区内安装了粉尘在线监测装置。粉尘在线监测装置由监测设备、主机、立杆和供电系统组成，能够采集温湿度、$PM_{2.5}$、PM_{10}、噪声、风力风速、风向、一氧化碳(CO)、二氧化碳(CO_2)、二氧化硫(SO_2)、二氧化氮(NO_2)、臭氧(O_3)、硫化氢等有害气体等多要素数值。该监测系统监测的数据可通过GPRS/4G通信方式等上传至云平台，云平台支持网页端、手机端(微信公众号、App)等多终端查看实时数据、历史数据、报警信息等。此外，监测系统还可以与塔式起重机喷淋或雾炮机设备联动，当粉尘浓度达到一定浓度时将信号联动发送至喷淋设施并自动开启设备

续上表

项目	说明
实施情况	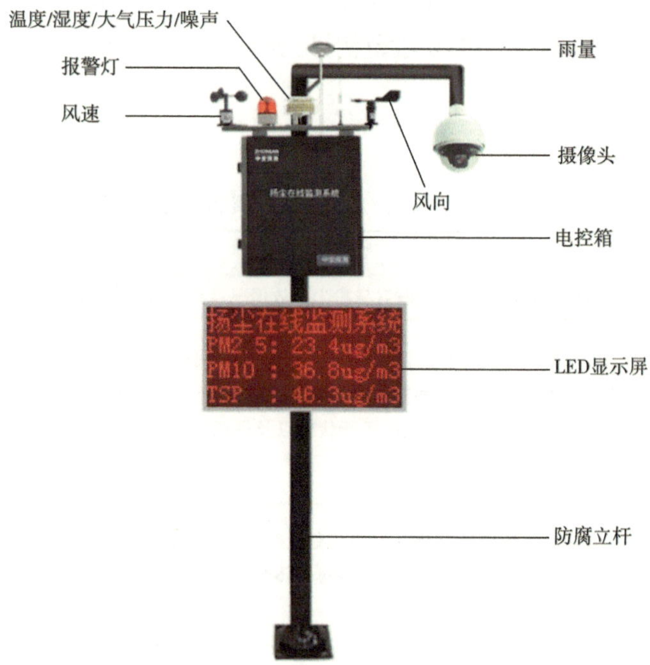
实施效果	在线监测仪可以协助港口企业及时了解港区内粉尘污染情况，实现大气污染防治的联合防治，从被动管理转变为主动管理，大幅减少人员巡视工作量
实施港口	全国沿海、内河干散货港口广泛应用

范例三　车载式道路积尘负荷走航监测

港口应用车载式道路积尘负荷走航监测范例　　表4.3-10

项目	说明
解决问题	企业难以及时了解港区粉尘排放情况、自证清白
实施情况	采用车载式道路积尘监测系统平台，车辆搭载道路积尘检测系统，通过监测车辆行驶过程中激发的道路扬尘数据，通过大数据算法，计算出路面积尘情况，并根据车速和车重、车型，计算出该道路的交通扬尘排放因子，精确计算出交通道路积尘对污染的贡献量，为港区各路段进行潜在扬尘排放统计，形成道路清洁度排名。该系统云平台结合GIS数据、实时监测、历史监测、超标监测、单车监测查询、单路段监测查询、污染云图、道路排名、历史存储等形成数据产品，从而有效指导港口环境管理工作和重污染天气的车流管理

续上表

项目	说明
实施情况	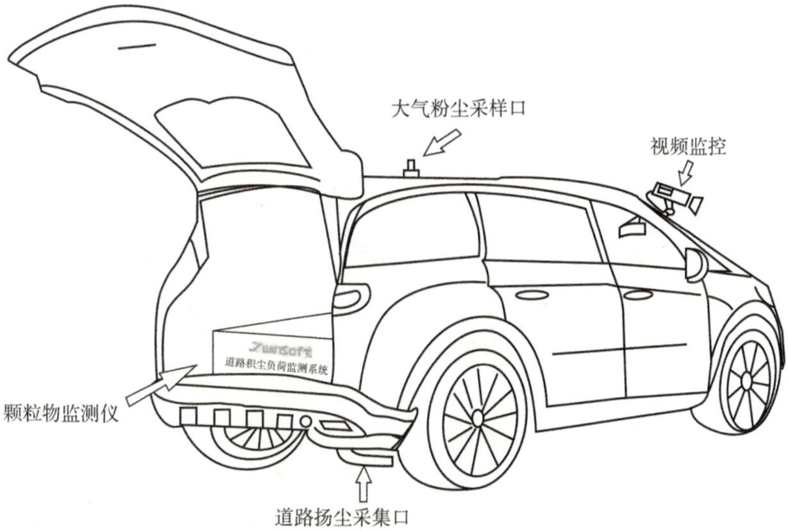
实施效果	使港口环境管理人员能够及时了解港口内各区域各路段的粉尘排放情况，有效提高了港区内运输车辆的粉尘污染管控水平
实施港口	秦皇岛港

范例四　无人机监测

无人机监测范例　　表4.3-11

项目	说明
解决问题	整个港区范围内的粉尘污染情势不明确，无法识别港区粉尘污染重点区域，日常环境管理工作重点难以掌握
实施情况	通过无人机搭载高灵敏度嗅探设备测定特定高度煤炭粉尘浓度，绘制出港区范围内的粉尘浓度分布热力图，以最直观的形式展示出港区粉尘污染重点区域  

续上表

项目	说明
实施情况	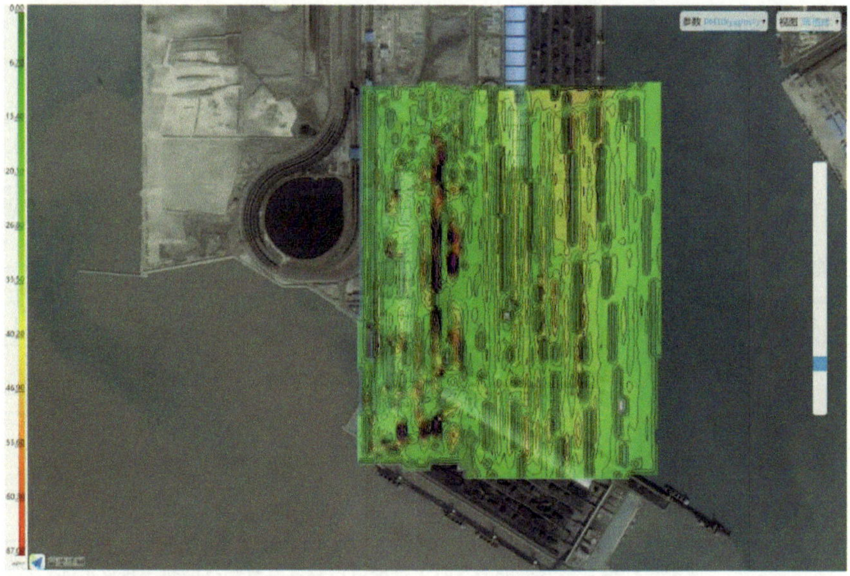
实施效果	通过无人机监测，使企业更加全面地了解整个港区范围内的粉尘污染情势，明确了港区粉尘污染重点区域，掌握日常环境管理工作重点，有助于企业有针对性地开展环保工作
实施港口	舟山港、营口港、曹妃甸港等

范例五　粉尘污染巡检与预警机器人监测

粉尘污染巡检与预警机器人应用范例　　表4.3-12

项目	说明
解决问题	企业难以及时了解港区粉尘排放情况
实施情况	巡检机器人路径规划：获取干散货港口的地图数据，根据地图数据采用栅格法建立栅格地图；基于栅格地图，根据固定式环境监测站布局和风向情况，确定巡检机器人的巡检区域、巡检起点、巡检终点以及巡检点；基于上述初始条件，规划巡检机器人的巡检路径，并将巡检路径输入到巡检机器人中，通过GPS定位模块与运动控制模块使巡检机器人按照规划好的巡检路径自动执行巡检任务。 数据采集、传输与处理：在巡检机器人沿规划路径进行移动的过程中，通过巡检机器人搭载的多源环境监测模块对空气中的粉尘污染物浓度、风速、风向、温度、相对湿度、大气压力及其他环境参数进行监测，并通过GPS定位模块实时记录采样位置；通过数据传输模块，使用无线传输方式将实时监测数据、时间戳数据以及GPS定位数据传输到港口数据中心，对监测数据、时间戳数据以及GPS定位数据进行融合。 数据分析与风险预警：基于处理后的监测数据，采用线性插值方法对相邻时间戳之间的监测数据进行插值补全；对插值后的数据进行可视化，显示巡检机器人巡检路径上的粉尘污染物浓度分布；针对干散货港口不同区域，设置不同的粉尘污染浓度阈值，当实时监测的粉尘污染物浓度超过该位置所处区域的阈值时，向港口数据中心发送预警信号，并报告超标位置的粉尘污染物浓度与位置信息

续上表

<table>
<tr><th>项目</th><th>说明</th></tr>
<tr><td>实施情况</td><td>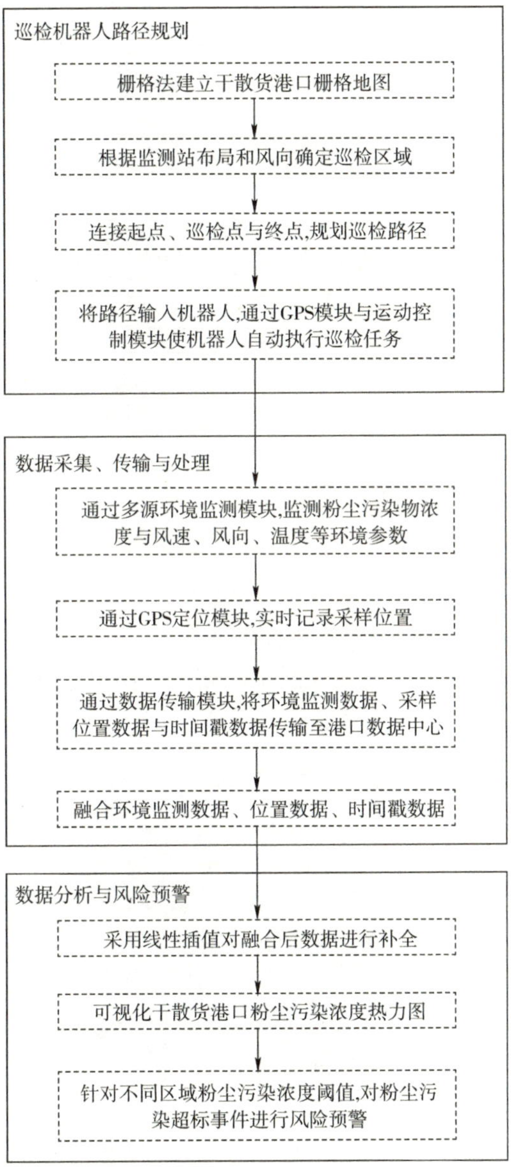
</td></tr>
</table>

续上表

项目	说明
实施情况	 
实施效果	通过巡检机器人进行巡回监测，当实时监测的粉尘污染物浓度超过浓度阈值时，巡回机器人立即向港口数据中心发送预警信号，提示港口工作人员该处发生粉尘污染浓度超标事件，可有效避免污染事件长时间持续存在，大大提高港口粉尘污染管理效能
实施港口	—

范例六 环保设施抑尘效率评估监测

开展环保设施抑尘效率评估监测范例 表4.3-13

项目	说明
解决问题	对于散货码头，各类粉尘污染防治措施的抑尘效果不明确，持续的环保投入针对性不强，导致环保投入难以达到满意的抑尘效果，港口企业无法从本质上提升环境管理水平，粉尘污染防治措施提升遇到瓶颈
实施情况	为了定量评估干散货码头动态作业节点无组织排放环保设施实际抑尘效率，曹妃甸港、黄骅港特委托第三方环境保护专业咨询单位对其动态作业关键节点与港区整体环保措施抑尘效率进行实测评估。第三方单位在踏勘厘清码头作业流程、污染节点的前提下，以动态、静态作业节点环保设施配套应用为基础，通过现代化多元监测与数值模拟技术对关键动态作业节点与静态堆存无组织排放抑尘效率进行了实测评估。通过整理分析监测数据，编制形成粉尘污染防治措施抑尘效率评估报告
实施效果	为企业针对粉尘污染控制薄弱环节实施科学化、精准化的提升改造提供科学数据支撑，推动港口高质量发展，促进企业更新环境管理理念，推动探索粉尘污染治理与能源消耗、水资源利用的最优化路径
实施港口	曹妃甸港、黄骅港

4.3.4 信息化管理

通过调研及资料收集，系统梳理通用散货码头信息系统建设工作开展情况，整理形成可参照性范例，见表4.3-14、表4.3-15。

范例一 建设生态环境智慧管控系统

港口建设生态环境智慧管控系统范例 表4.3-14

项目	说明
解决问题	港口粗放型管理模式难以满足港口环境管理智慧化、自动化要求，提高港口环境管理效能，做到精准治污、科学治污、依法治污
实施情况	以现代化港口环境管理新模式为应用手段，集成智能监测设备、地理信息系统、环境管理与决策系统，搭建“横向到边，纵向到底”的港口环境实时管理网络，保障海量监测数据的深入挖掘与应用，准确分析无组织排放实时情势。平台以核心算法为支撑，以污染溯源为手段，以环境管理提质增效为目的，通过“以算代测”“以智代工”“自主学习”的新型创新技术，智能优化运行机制，不断适应港口生态环境综合管理实际情况 生态环境智慧管控系统的设计可以结合港口实际情况进行个性化定制，内容可涵盖大气、水、噪声、固废、能源、环境应急、排污许可、生态环境大数据等多个模块，可覆盖港口生态环境全流程和全要素，通过可视化的方式使港口作业情况直观可见，海量环境数据能够以图表的方式直观显示，系统内嵌的模型算法能够对监测数据进行全面分析

续上表

<table>
<tr><th>项目</th><th>说明</th></tr>
<tr><td>实施情况</td><td>

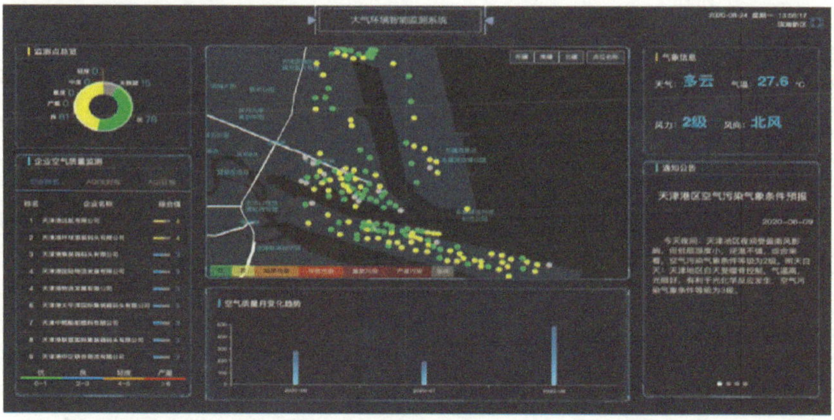
</td></tr>
<tr><td>实施效果</td><td>生态环境智慧管控平台的应用为港口实现跨区域、多港区的环境管理与决策辅助，促进港口生态环境智慧化、动态化的管理与决策，实现了事前预警及污染溯源功能，有效提升了港口的环境管理效能，助力港口企业更好地适应“双碳”目标下的生态环境管理要求</td></tr>
<tr><td>实施港口</td><td>天津港、山东港口、秦皇岛港</td></tr>
</table>

范例二　开发抑尘技术信息化管控系统

开发抑尘剂制备及回溯系统范例　　表4.3-15

项目	说明
解决问题	传统抑尘剂制备主要依托人工，制备效率低且浓度准确性较差，产能与需求不匹配，喷洒效果无法验证，派单流程复杂，难以形成高效且精准化的管理模式

续上表

<table>
<tr><th>项目</th><th>说明</th></tr>
<tr><td>实施情况</td><td>日照港结合国内外主流的粉尘综合治理技术，在充分借鉴业内成熟技术的前提下，以粉尘的现场治理效能提升为目标，紧扣港口生产作业特点以及抑尘剂使用存在的技术难点，研发了抑尘剂制备和回溯系统，并成功实施应用，有效实现抑尘剂制备自动化和使用全流程信息化。
抑尘剂生产包含投料、搅拌、加热、输送、存储等过程，日照港选用业内成熟稳定的自动化装置，借由专门开发的工艺流程组态自控系统，配合“真空上料子系统”+“自动化制备子系统”，有效实现了生产过程的无人化、生产现场无人化。抑尘剂自动化制备系统工艺流程图如下。
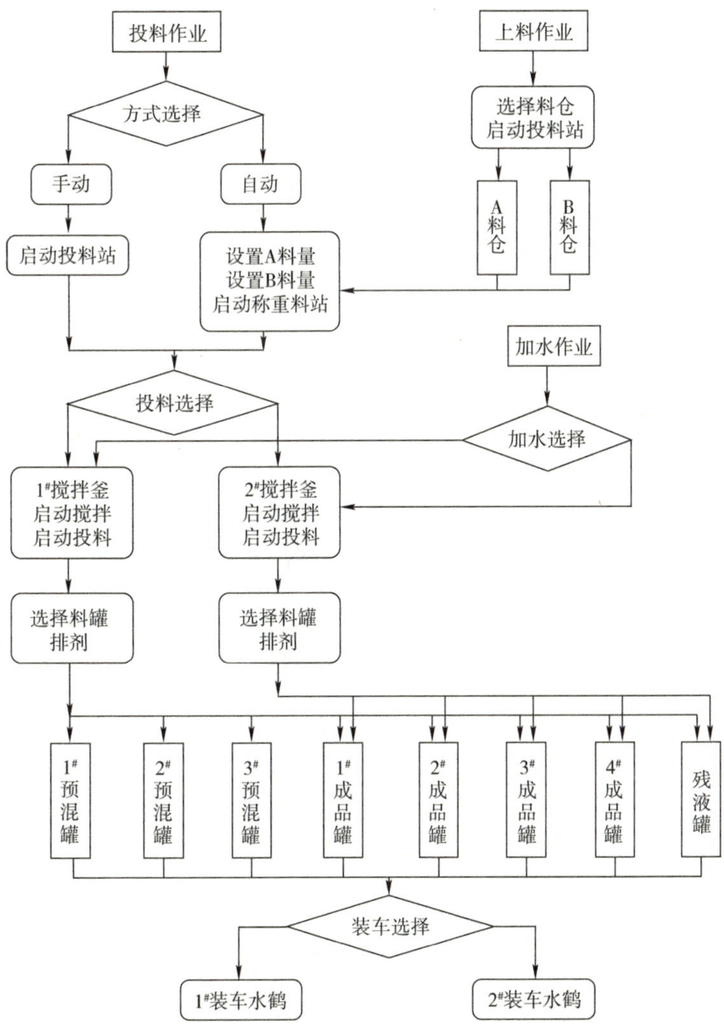</td></tr>
</table>

续上表

项目	说明
实施情况	日照港充分利用港口生产与环境系统，开发抑尘剂使用回溯子系统，建立"抑尘剂线上派单"机制和"垛位二维码"溯源机制，对抑尘剂制备、喷洒、溯源等全过程实现线上管理。需求方直接系统下单，喷洒服务方在手持终端接单、喷洒，并实时上传喷洒信息，派单流程简单直接，喷洒服务快速迅捷，可实现对喷洒信息的实时监督。 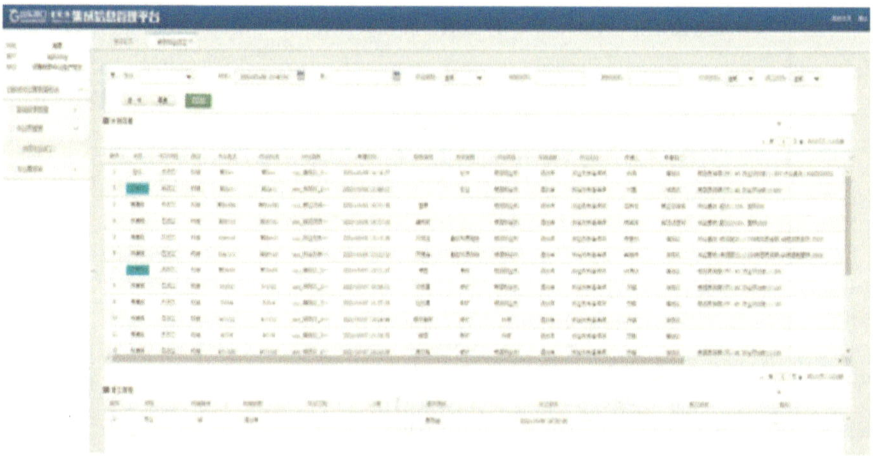 同时，上线垛位二维码应用，为港区垛位建立唯一识别垛位二维码信息，并在现场垛位牌张贴，每位工作人员都可以通过扫描现场二维码查看垛位苫盖及抑尘剂作业记录。同时，将现场垛位纳入港区portGIS平台，可通过扫码实时直观查看港区垛位情况，便于监管 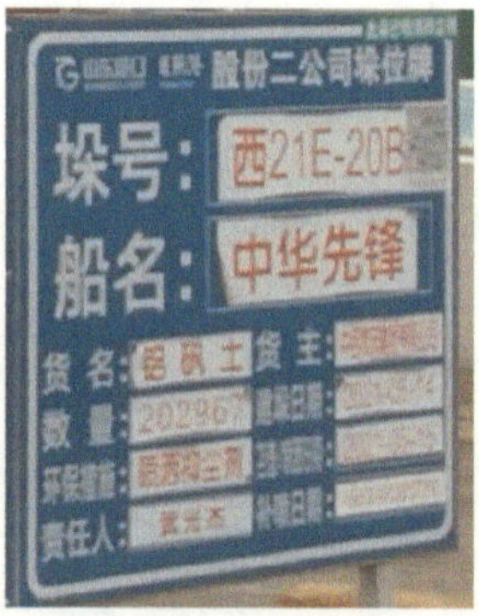
实施效果	本系统的研发与应用实现了港口抑尘剂制备及使用全过程自动化、程序化控制，大幅提升了抑尘剂制备及喷洒作业效率，有效减少干散货堆场粉尘无组织排放，实现了干散货码头堆场高效、精准治污，降低人员工作量，有利于港口及周边区域大气环境质量改善
实施港口	日照港

附表1 通用散货码头粉尘污染管控参考范例汇总

通用散货码头粉尘污染管控参考范例汇总见附表1。

通用散货码头粉尘污染管控参考范例汇总 附表1

管控环节		编号	类别	名称	适用货种/适用场景
作业工艺	装船	范例一	防撒漏工艺	散货船舶岸边接料工艺	煤炭、矿石、粮食、饲料、化肥、工业盐、矿建材料等各种干散货
		范例二	料斗式装船工艺	高度可调节料斗式卸车装船工艺	煤炭、矿石、粮食、饲料、化肥、工业盐、矿建材料等各种干散货
		范例三	带式装船工艺	链式可伸缩输送工艺	煤炭、矿石、粮食、饲料、化肥、工业盐、矿建材料等各种干散货
		范例四		料斗低矮型移动装船工艺	煤炭、矿石、粮食、饲料、化肥、工业盐、矿建材料等各种干散货
		范例五		封闭移动给料装船工艺	煤炭、矿石、粮食、饲料、化肥、工业盐、矿建材料等各种干散货
		范例六	箱式装船工艺	翻转箱式货斗装船工艺	煤炭、矿石、粮食、饲料、化肥、工业盐、矿建材料等各种干散货
		范例七		底部开口自卸箱装船工艺	煤炭、矿石、粮食、饲料、化肥、工业盐、矿建材料等各种干散货
		范例八	门座起重机抓斗抑尘工艺	门座起重机抓斗物料重量限制工艺	煤炭、矿石、粮食、饲料、化肥、工业盐、矿建材料等各种干散货
		范例九	自动化装船工艺	门座起重机自动化“一舱多机”“一对二操作”工艺	煤炭、矿石、粮食、饲料、化肥、工业盐、矿建材料等各种干散货
		范例十		门座起重机自动化作业工艺	煤炭、矿石、粮食、饲料、化肥、工业盐、矿建材料等各种干散货
		范例十一		码头全流程自动化作业工艺	煤炭、矿石、粮食、饲料、化肥、工业盐、矿建材料等各种干散货
	卸船	范例一	环保料斗卸船工艺	可移动脉冲式除尘料斗工艺	煤炭、矿石、粮食、饲料、化肥、工业盐、矿建材料等各种干散货
		范例二		可移动料斗智能微雾抑尘工艺	煤炭、矿石等可湿法抑尘的干散货
		范例三		料斗干雾抑尘工艺	煤炭、矿石等可湿法抑尘的干散货
		范例四		卸船料斗负压除尘工艺	煤炭、矿石、粮食、饲料、化肥、工业盐、矿建材料等各种干散货

续上表

管控环节		编号	类别	名称	适用货种/适用场景
作业工艺	卸船	范例五	环保料斗卸船工艺	可移动旋风除尘料斗工艺	煤炭、矿石、粮食、饲料、化肥、工业盐、矿建材料等各种干散货
		范例六		移动防风喷淋抑尘料斗工艺	煤炭、矿石等可湿法抑尘的干散货
		范例七		速率可调式抑尘料斗工艺	煤炭、矿石、粮食、饲料、化肥、工业盐、矿建材料等各种干散货
		范例八		卸船料斗抑尘板改造工艺	煤炭、矿石、粮食、饲料、化肥、工业盐、矿建材料等各种干散货
		范例九		散粮卸料吸尘料斗工艺	粮食
		范例十		自动卸料装车储料料斗工艺	煤炭、矿石、粮食、饲料、化肥、工业盐、矿建材料等各种干散货
		范例十一		散料卸船自动化装车工艺	煤炭、矿石、粮食、饲料、化肥、工业盐、矿建材料等各种干散货
		范例十二		可移动全装配式料斗工艺	煤炭、矿石、粮食、饲料、化肥、工业盐、矿建材料等各种干散货
		范例十三		高架移动料斗与门座起重机组合工艺	煤炭、矿石、粮食、饲料、化肥、工业盐、矿建材料等各种干散货
		范例十四	散货灌包工艺	移动式散货灌包工艺	水泥、粮食、化肥、饲料、散糖、工业盐等
		范例十五	密闭卸船工艺	车载折叠式螺旋卸船工艺	水泥、粮食、饲料、化肥、煤炭、矿石等
		范例十六		轮胎移动式环保螺旋卸船工艺	水泥、粮食、饲料、化肥、煤炭、矿石等
		范例十七		气力式除尘卸船工艺	水泥、粮食、化肥、散糖等
		范例十八		斗式密封输送工艺	煤炭、矿石、粮食、饲料、化肥、工业盐、矿建材料等各种干散货
		范例十九	船舶清舱工艺	多功能清舱工艺	煤炭、矿石、粮食、饲料、化肥、工业盐、矿建材料等各种干散货
	装车	范例一	料斗装车工艺	散货装车给料工艺	煤炭、矿石、粮食、饲料、化肥、工业盐、矿建材料等各种干散货
		范例二		装车料斗自动开闭工艺	粮食
		范例三	门架式抓斗工艺	门架式履带抓料工艺	煤炭、矿石、粮食、饲料、化肥、工业盐、矿建材料等各种干散货
		范例四	带式装车工艺	履带式斗轮装车工艺	煤炭、矿石、粮食、饲料、化肥、工业盐、矿建材料等各种干散货

续上表

<table>
<tr><th colspan="2">管控环节</th><th>编号</th><th>类别</th><th>名称</th><th>适用货种/适用场景</th></tr>
<tr><td rowspan="20">作业工艺</td><td rowspan="4">装车</td><td>范例五</td><td rowspan="2">箱式装车工艺</td><td>360°翻转吊装车工艺</td><td>煤炭、矿石、粮食、饲料、化肥、工业盐、矿建材料等各种干散货</td></tr>
<tr><td>范例六</td><td>镍矿集装箱装车工艺</td><td>镍矿</td></tr>
<tr><td>范例七</td><td>环保铲斗工艺</td><td>镍矿作业防黏结铲斗工艺</td><td>镍矿</td></tr>
<tr><td>范例八</td><td>自动化装车工艺</td><td>自行式智能装车机组工艺</td><td>煤炭、矿石、粮食、饲料、化肥、工业盐、矿建材料等各种干散货</td></tr>
<tr><td>卸车</td><td>范例</td><td>带式卸车工艺</td><td>火车车厢链斗式卸车工艺</td><td>煤炭、矿石、粮食、饲料、化肥、工业盐、矿建材料等各种干散货</td></tr>
<tr><td rowspan="7">水平运输</td><td>范例一</td><td rowspan="6">封闭车厢工艺</td><td>一体化储运工艺</td><td>煤炭、矿石、粮食、饲料、化肥、工业盐、矿建材料等各种干散货</td></tr>
<tr><td>范例二</td><td>运输车辆平推式折叠硬质盖板车厢工艺</td><td>煤炭、矿石、粮食、饲料、化肥、工业盐、矿建材料等各种干散货</td></tr>
<tr><td>范例三</td><td>运输车辆摇臂式整体前移盖板车厢工艺</td><td>煤炭、矿石、粮食、饲料、化肥、工业盐、矿建材料等各种干散货</td></tr>
<tr><td>范例四</td><td>运输车辆整体侧开式盖板车厢工艺</td><td>煤炭、矿石、粮食、饲料、化肥、工业盐、矿建材料等各种干散货</td></tr>
<tr><td>范例五</td><td>运输车辆折叠侧开式盖板车厢工艺</td><td>煤炭、矿石、粮食、饲料、化肥、工业盐、矿建材料等各种干散货</td></tr>
<tr><td>范例六</td><td>运输车辆链条传动式篷布苫盖车厢工艺</td><td>煤炭、矿石、粮食、饲料、化肥、工业盐、矿建材料等各种干散货</td></tr>
<tr><td>范例七</td><td>网格化分配工艺</td><td>泊位—堆场网格化联合分配工艺</td><td>煤炭、矿石、粮食、饲料、化肥、工业盐、矿建材料等各种干散货</td></tr>
<tr><td rowspan="2">堆取料</td><td>范例一</td><td>装载机工艺</td><td>滑移装载机</td><td>煤炭、矿石、粮食、饲料、化肥、工业盐、矿建材料等各种干散货</td></tr>
<tr><td>范例二</td><td>带式堆取料工艺</td><td>移动径向转动伸缩式堆料机工艺</td><td>煤炭、矿石、粮食、饲料、化肥、工业盐、矿建材料等各种干散货</td></tr>
<tr><td rowspan="3">存储</td><td>范例一</td><td rowspan="3">封闭仓工艺</td><td>条形仓封闭工艺</td><td>煤炭、矿石、粮食、饲料、化肥、工业盐、矿建材料等各种干散货</td></tr>
<tr><td>范例二</td><td>筒仓封闭工艺</td><td>水泥、粮食、饲料、化肥等不适合露天堆存的干散货</td></tr>
<tr><td>范例三</td><td>可移动全封闭料仓工艺</td><td>煤炭、矿石、粮食、饲料、化肥、工业盐、矿建材料等各种干散货</td></tr>
<tr><td rowspan="4">污染防治技术</td><td rowspan="3">装船</td><td>范例一</td><td rowspan="4">喷淋抑尘技术</td><td>移动雾炮机技术</td><td>煤炭、矿石等可湿法抑尘的干散货</td></tr>
<tr><td>范例二</td><td>风动力雾炮机技术</td><td>煤炭、矿石等可湿法抑尘的干散货</td></tr>
<tr><td>范例三</td><td>智能雾炮机技术</td><td>煤炭、矿石等可湿法抑尘的干散货</td></tr>
<tr><td>卸船</td><td>范例一</td><td>冲洗卷盘技术</td><td>煤炭、矿石、粮食、饲料、化肥、工业盐、矿建材料等各种干散货</td></tr>
</table>

续上表

管控环节		编号	类别	名称	适用货种/适用场景
污染防治技术	卸船	范例二	喷淋抑尘技术	可移动卸料干雾抑尘技术	煤炭、矿石等可湿法抑尘的干散货
		范例三		泡沫干雾抑尘技术	煤炭、矿石等可湿法抑尘的干散货
	装车	范例一		装载机喷淋技术	煤炭、矿石等可湿法抑尘的干散货
		范例二		装载机清扫机除尘洒水技术	煤炭、矿石等可湿法抑尘的干散货
		范例三		多功能铁路抑尘车技术	煤炭、矿石等可湿法抑尘的干散货
		范例四		铁路道线装车喷淋抑尘技术	煤炭、矿石等可湿法抑尘的干散货
		范例五		移动装车抑尘棚技术	煤炭、矿石等可湿法抑尘的干散货
	卸车	范例一		抓煤机喷雾抑尘技术	煤炭
		范例二		火车装卸平台喷淋技术	煤炭、矿石等可湿法抑尘的干散货
		范例三	车厢清扫技术	火车厢清扫技术	煤炭、矿石等可湿法抑尘的干散货
	水平运输	范例一	车辆冲洗技术	洗轮机技术	运输车辆冲洗
		范例二		高架喷淋洗车台技术	运输车辆冲洗
		范例三		智能车辆冲洗平台技术	运输车辆冲洗
		范例四	喷淋抑尘技术	旋转雾桩技术	道路抑尘
		范例五	负压除尘技术	清扫车技术	道路清洁
		范例六	洒水抑尘技术	洗扫车技术	道路清洁
		范例七		吹洒机技术	道路清洁
		范例八		道路抑尘一体化设备	道路抑尘
	堆取料	范例	喷淋抑尘技术	可移动喷淋降尘技术	煤炭、矿石等可湿法抑尘的干散货
	存储	范例一	隔离技术	场路隔离技术	干散货露天堆场
		范例二	苫盖技术	堆垛苫盖技术	干散货露天堆场
		范例三		双侧行走苫盖车技术	干散货露天堆场
		范例四		折叠延伸臂苫盖车技术	干散货露天堆场
		范例五	抑尘剂技术	抑尘剂技术	煤炭、矿石等可湿法抑尘的干散货
		范例六		抑尘剂制备气动真空上料和称重技术	煤炭、矿石等可湿法抑尘的干散货

续上表

管控环节		编号	类别	名称	适用货种/适用场景
污染防治技术	存储	范例七	抑尘剂技术	抑尘剂喷洒车	煤炭、矿石等可湿法抑尘的干散货
		范例八	防护林技术	防护林技术	干散货露天堆场
		范例九	防风网技术	固定式防风抑尘网技术	干散货露天堆场
		范例十		高度固定型移动防风网技术	干散货露天堆场
		范例十一		高度可调型移动喷淋防风网技术	煤炭、矿石等可湿法抑尘的干散货露天堆场
		范例十二	喷淋抑尘技术	高空喷淋抑尘车技术	煤炭、矿石等可湿法抑尘的干散货
		范例十三		堆场喷枪喷淋技术	煤炭、矿石等可湿法抑尘的干散货
		范例十四		堆场智能喷淋技术	煤炭、矿石等可湿法抑尘的干散货
		范例十五		堆场移动洒水小车技术	煤炭、矿石等可湿法抑尘的干散货
		范例十六		移动式双悬臂抑尘技术	煤炭、矿石等可湿法抑尘的干散货
环境管理	制度建设	范例一	流程管理	制定规范化作业流程	所有通用散货码头企业
		范例二	体系建立	制定针对性管理规定	所有通用散货码头企业
		范例三		制定环保制度体系文件	所有通用散货码头企业
		范例四	规范编制	编制环保相关标准规范	所有通用散货码头企业
	日常管理	范例一	环保检查	开展日常环保隐患自查	所有通用散货码头企业
		范例二		委托开展环保隐患排查	所有通用散货码头企业
		范例三		开发移动端环保隐患排查 App	所有通用散货码头企业
	环境监测	范例一	自行监测	手工例行监测	所有通用散货码头企业
		范例二		扬尘在线监测	所有通用散货码头企业
		范例三		车载式道路积尘负荷走航监测	所有通用散货码头企业
		范例四		无人机监测	所有通用散货码头企业
		范例五		粉尘污染巡检与预警机器人监测	所有通用散货码头企业

续上表

管控环节		编号	类别	名称	适用货种/适用场景
环境管理	环境监测	范例六	自行监测	环保设施抑尘效率评估监测	所有通用散货码头企业
	信息化管理	范例一	系统建设	建设生态环境智慧管控系统	所有通用散货码头企业
		范例二		开发抑尘技术信息化管控系统	经营煤炭、矿石等可湿法抑尘干散货货种的码头企业

附表2　环保制度参考汇总

环保制度参考汇总见附表2。

环保制度参考汇总　　附表2

序号	类别		内容要点
1	综合管理类	环保目标责任制度	明确港口码头各部门、各岗位在环境保护工作中的职责和目标，将环保工作纳入绩效考核体系，确保环保责任落实到人
2		环保教育培训制度	定期组织员工参加环保知识培训和技能培训，提高员工的环保意识和操作技能，使其熟悉环保法规、政策和本码头的环保制度
3		环境应急预案	制定突发环境事件应急预案，明确应急组织机构、应急响应程序、应急救援措施等，定期组织应急演练，提高应对突发环境事件的能力
4	资源能源管理类	水资源管理制度	建立用水计量制度，对码头生产、生活用水进行计量统计，加强用水设备的维护管理，推广节水技术和设备，提高水资源利用率，减少水资源浪费
5		能源管理制度	加强能源管理，制定能源消耗定额，对码头各类设备的能源消耗进行监测和统计，推广使用节能技术和设备，优化作业流程，降低能源消耗
6		资源综合利用制度	鼓励对码头产生的各类废弃物进行综合利用，如对处理后的中水进行回用，对废旧钢材、木材等进行回收再利用，提高资源综合利用水平
7	污染防治类	废气污染防治制度	针对港口装卸、运输等过程中产生的粉尘、油气等废气污染物，制定相应的控制措施和管理要求，包括装卸作业扬尘控制、堆场扬尘控制、车辆尾气排放管理等内容
8		废水污染防治制度	明确生产废水和生活污水的处理、排放和回用要求，规定污水处理设施的运行管理、水质监测等内容，确保废水达标排放或回用
9		噪声污染防治制度	对港口作业过程中产生的噪声进行控制和管理，规定噪声排放标准、降噪措施以及监测要求等，减少噪声对周围居民和环境的影响
10		固体废物管理制度	规范企业固体废物的分类、收集、储存、运输和处置等环节，包括生活垃圾、一般工业固体废物、危险废物等管理，确保固体废物得到合理处置，防止污染环境
11	作业流程规范类	装卸作业环保操作规程	根据不同货物的装卸特点，制定具体的环保操作流程和要求，如煤炭装卸的喷淋降尘操作、散货堆垛苫盖、抑尘剂喷洒作业等，指导操作人员在作业过程中落实环保措施
12		船舶靠泊及作业环保规范	针对船舶在港口的靠泊、装卸货、加油加水等作业活动，制定相应的环保要求，包括船舶污染物接收处理、船舶尾气排放控制等内容，防止船舶作业对港口环境造成污染
13	监督检查与考核类	环境监督检查制度	建立定期和不定期的环境监督检查机制，明确检查的内容、方法、频率和责任人等，对企业环境管理体系的运行情况、环保设施的运行状况、污染物排放情况等进行检查，及时发现和解决环境问题

续上表

序号	类别		内容要点
14	监督检查与考核类	环保绩效考核制度	将环保工作纳入企业绩效考核体系，制定明确的环保考核指标和奖惩措施，对各部门和员工的环保工作表现进行考核和评价，激励员工积极参与环保工作
15	环境监测	环境监测制度	制定环境监测计划，定期对码头区域的大气、水、噪声等环境要素进行监测，掌握环境质量变化情况，为环保工作提供依据

注：制定港口码头环保制度时需从合规性、可行性等多方面进行考虑，依据国家及地方法律法规要求并结合港口实际情况，制定切实可行的制度体系文件。

参考文献

[1] 唐山港集团股份有限公司.一种散货船舶的岸边接料装:CN202321827379.4[P]. 2024-02-23.

[2] 张楠.一种干散货装船敞口自卸箱设计[J].港口装卸,2024(1):36-37.

[3] 韦俊.港口门座起重机抓斗抓取货物重量限制系统设计[J].港口装卸,2024(1): 49-50.

[4] 铜陵金城码头有限公司.一种港口码头用具有防扬尘结构的运输装置:CN202320721442.X[P].2023-07-25.

[5] 刘兆阳,解庆功,申鹏.散料卸船自动化装车系统研发与应用[J].今日自动化,2022 (8): 134-136.

[6] 周玉山,於钊,韩猛,等.散货船舶多功能清舱设备在港口的应用研究[J].建设机械技术与管理,2023,36(4):38-40.

[7] 日照港集团岚山港务有限公司.镍矿作业铲斗防粘结装置:CN201920803411.2[P]. 2020-04-14.

[8] 程粤,张少强,刘刚,等.一种自行式智能装车机组研制[J].港口装卸,2024(2):11-13.

[9] 重庆交通大学.港口施工智能化喷雾降尘装置:CN202320920548.2[P].2023-09-08.

[10] 中电建安徽长九新材料股份有限公司.一种可移动式干雾抑尘装置:CN202310142821.8[P].2023-06-13.

[11] 安徽合力股份有限公司.一种带辅助配重的装载机清扫机除尘洒水装置:CN201810416796.7[P].2018-07-24.

[12] 相茂国,王晓敏,严守禄,等.火车厢清扫车及其吸嘴的设计研究[J].专用汽车,2024(4):48-51.

[13] 秦皇岛市汉雪环保科技有限公司.一种用于港口堆场装卸作业区的降尘装置:CN202322047552.5[P].2024-02-23.

[14] 张家港华达码头有限公司.一种用于港口码头物料堆场的苫盖车:CN202310029290.1[P].2023-05-30.

[15] 北京力博明科技发展有限公司.一种用于港口码头物料堆场的苫盖车:CN202121064396.8[P].2021-11-26.

[16] 江苏华绿生物科技股份有限公司.一种堆料场用可移动洒水装置:CN202123211557.4[P].2022-10-28.

[17] 中交第一航务工程勘察设计院有限公司.干散货堆场移动式双悬臂多功能抑尘设备:CN202121128684.5[P].2022-03-22.